互联网时代高校学生
法律意识培养研究

贾玮莉　著

中国原子能出版社

图书在版编目（CIP）数据

互联网时代高校学生法律意识培养研究 / 贾玮莉著
. -- 北京 ：中国原子能出版社 ，2022.7
ISBN 978-7-5221-2036-2

Ⅰ．①互… Ⅱ．①贾… Ⅲ．①大学生－法律意识－能
力培养－研究－中国 Ⅳ．① D920.4

中国版本图书馆 CIP 数据核字（2022）第 139730 号

互联网时代高校学生法律意识培养研究

出版发行	中国原子能出版社（北京市海淀区阜成路 43 号　100048）	
责任编辑	杨晓宇	
责任印制	赵　明	
印　刷	北京天恒嘉业印刷有限公司	
经　销	全国新华书店	
开　本	787mm×1092mm　　1/16	
印　张	10.5	
字　数	194 千字	
版　次	2022 年 7 月第 1 版　　2022 年 7 月第 1 次印刷	
书　号	ISBN 978-7-5221-2036-2　　**定　价** 72.00 元	

前　言

自 20 世纪中后期以来，互联网让人类社会的生产和生活都变得更加高效，让人与人之间已维持数千年的交流、学习、购物等生活方式发生了天翻地覆的变化。互联网让世界文化沟通变得更加便捷，但网络上也充斥着不同的文化观念。大学生作为我们祖国未来的建设者，很容易受不同文化观念的影响。为此，大学生法律意识培养已迫在眉睫。

本书第一章为互联网概述，分别介绍了互联网的含义、互联网的发展历程两个方面的内容；第二章为互联网与高校教育教学的关系，主要介绍了两个方面的内容，分别是互联网对高校教育教学的影响和互联网时代高校教育教学改革方向；第三章为大学生应该掌握的法律知识，分别介绍了五个方面的内容，依次是法律基础知识、政治生活中的法律、家庭生活中的法律、学校生活中的法律和网络生活中的法律；第四章为大学生法律意识与教育问题，依次介绍了大学生法律意识现状、大学生法律教育与意识养成的基本问题、意识养成视角下大学生法律教育问题及成因和意识养成视角下大学生法律教育的内容四个方面的内容；第五章为互联网时代高校学生法律意识培养路径，主要介绍了三个方面的内容，分别是加强高校法治教育课程建设、加强网络生活中大学生法律意识的培育和完善学生法律意识培养方法。

在撰写本书的过程中，作者得到了许多专家学者的帮助和指导，并且参考了大量的学术文献，在此表示真诚的感谢！限于作者水平有不足，加之时间仓促，本书难免存在一些不足，在此，恳请同行专家和读者朋友批评指正！

目　录

第一章　互联网概述

在现代人类生活中，互联网已经成为不可或缺的存在。根据互联网数据研究机构联合发布的《2021年全球网络概览》，2021年1月全球网民数量已经达到46.6亿人。2021年年初，世界人口为78.3亿，也就是说，有一半以上的地球人是网民。同时报告显示，全球互联网用户平均每天上网时间高达6小时54分钟，即这些人一天中有近1/3的时间都与互联网有着千丝万缕的联系。这些联系可能是网上购物、阅读学习，也可能是与朋友通信聊天，由此可见，互联网早已经融入人类社会生活的方方面面。本章我们从互联网的含义及其发展历程来了解互联网。

第一节　互联网的含义

一、互联网的概念

（一）互联网

"互联网"这个词已经深刻融入我们的日常生活中，早就是我们耳熟能详的概念，所有人对这个词都习以为常，但是极少有人对其定义进行过深入了解。"互联网"一词是英语单词"Internet"的汉语翻译，也叫"国际网络"。Internet为外来词汇，现代汉语中最为通用的叫法是"互联网"，将Internet翻译为"互联网"已经成为一种社会共识。

关于"互联网"的定义，目前比较清晰和权威的解释有两个。第一个解释是维基百科将"互联网"描述为"互联网是一个在网络和设备之间使用互联网协议（TCP/IP）进行通信的互联计算机网络的全球系统。它是一个由本地到全球的私有、公共、学术、超文本、商业和政府等网络构成的网络中的网络，通过各种电子、无线和光纤网络技术相连。互联网承载着广泛的信息资源和信息服务，例如互联文档和万维网、电子邮件、电话服务和文件共享的不同应用程序"。第二个解释是 1995 年 10 月 24 日，美国联合网络委员（FNC）通过一项关于"互联网定义"的决议，将"互联网"描述为"符合以下几种条件的全球性的网络信息系统：①通过全球唯一的网络空间地址，根据网络协议（IP）或其他未来延伸协议，有逻辑地连接在一起；②能够支持使用 TCP/IP 协议及其未来延伸协议，或其他与 IP 兼容的协议进行通信；③以上述通信和相关设施为基础，通过公共或者专用网络为社会用户提供利用或获取高水平资源和服务的机会"。

通过两种不同的解释可以总结出互联网几个简单清晰的核心要点：①互联网是一个通过 TCP/IP 连接而成的全球网络系统，具有整体性；②互联网一个包括商业、政府、学术、公共等各种产权属性不同的网络中的网络，具有开放性；③互联网承载着各种资源和服务，具有共享性。

（二）互联网概念的演变过程

1. 阿帕网之前互联网的概念

早在 1849 年，"internetted"这个词被当作形容词使用，意为"相互联系的"（interconnected）或"交织的"（interwoven）。早期的计算机网络设计师则把"internet"既当作名词用，也当作动词来使用，即 internetwork 或 internetworking 的简写形式，意为互相连接的计算机网络。1945 年 7 月，坚持无党派、无偏见原则的美国权威期刊《大西洋月刊》在第 176 期第 1 卷刊登了一篇由范内瓦·布什操刀的文章《诚如所思》，描绘的是一个信息快速交换的未来世界，这篇文章在不经意间为人们打开了一扇通往未来世界的大门。范内瓦·布什虽然为我们勾画了一个奇妙的"信息大爆炸"图景，但他并没有根据 20 世纪的科技水平提供一个更加具体的解决方案。对于具体"怎样做"这个问题，目前公认的最直接、最权威的回答，出自美国计算机科学家利克莱德 1960 年发表的《人机共生》。1962 年 8 月，美国信息处理技术处首任处长利克莱德撰写了一系列备忘录，阐述了"银河网络"的概念，这是首次对通过网络实现社会互动的描述。1966 年底，美国互联网之父拉里·罗伯茨加入美国国防部高级研究计划局并发展出"计算机网络"的概念。

2. 联网"internetting"项目阶段互联网的概念

1972 年，美国计算机科学家、TCP/IP 协议的共同发明人鲍勃·卡恩加入美国国防部高级研究计划局不久，首次提出"开放式体系结构网络"的概念。这项工作最初是分组无线电项目的一部分，后来成为一个独立项目，被称为"internetting"。

1973 年，欧洲信息学网络实现了第一个脱离地面的实验性"互联网络连接"，其中包括法国互联网之父、软件工程师路易斯·普赞的 CYCLADES 网络和英国唐纳德·戴维斯的英国国家物理实验室 Mark Ⅱ 网络。同年，美国互联网先驱文顿·瑟夫设计了被称为 TCP/IP 协议的一种新的计算机交流协议，直接影响了"Internet"这个术语的定义，它于 1974 年被用来描述一个"单一的"全球 TCP/IP 网络。

20 世纪 70 年代开始，大量新的网络不断涌现，包括计算机科学研究网络、加拿大网络和成立于 1981 年的合作性质的美国大学计算机网络以及美国科学基金网络。1975 年 7 月，阿帕网被移交给美国国防部通信局管理，从此阿帕网不再是具有实验性和独一无二的网络。1981 年，美国国家科学基金会对计算机科学网络的资助，进一步扩展了阿帕网的接入。1982 年，互联网协议套件（TCP/IP）被标准化，这使互联网络在全球范围内的扩散成为可能。

3. 美国科学基金网络阶段互联网的概念

从 20 世纪 80 年代中期开始，首字母大写的"Internet"开始由美国政府资助的专用网络变成了边界逐渐消失的国际性网络，开始了"去中心化"转向，直到 1990 年被最终确定下来。这反映了最初的"Internet"确指美国政府资助的"那个"网络。

美国国家科学基金会网络为美国超级计算机网站的研究人员提供访问，并在 1986 年 TCP/IP 网络接入后再次得到扩展。美国国家科学基金会没有从每个机构到超级计算中心进行物理通信连接，而是启用了"连接链"，机构将连接到与他们"相邻的"计算中心，这些计算中心再连接到中央超级计算中心。这种开始扩展到计算机网络的全球网络，允许位于世界任何地方的计算机相互通信，共享存储在各种计算机"服务器"上的信息。此时的互联网不受任何官方机构的管辖，只有一些组织致力于使其更易访问和更有用。美国国家科学基金会不断升级其骨干网络，美国科学基金网络被广泛使用。1990 年，美国科学基金网络取代了阿帕网，成为互联网的骨干网络，阿帕网正式谢幕。

20 世纪 90 年代，随着蒂姆的万维网体系日益受到群众认可，互联网的接入数量与日俱增。但由于没有统一组织进行秩序构造，各个科研组织的互联网研究依旧如同散沙一般，在大量重复劳动中缓慢前行。更为尴尬的是，由于各大组织所确立的规则不同，原本应该用于研究怎样让互联网持续向前发展的资金和人才，往往用于解决因规则不通而造成的"连不通"问题。这种现状严重影响了全球互联网发展的进度，因而在 1991 年 6 月的哥本哈根国际网络会议上，出现了组建国际协同单位的呼声，他们希望在网络技术领域建立一个类联合国形式的协调机构，将互联网未来的规则标准定下来，以便让全人类的计算机人才能够集中力量去突破新技术，提高互联网的普及率。但由于各个互联网组织往往都背靠着政府，假如建立一个在国家形态之上的互联网组织，无疑会降低国家政治的控制力，所以从构建国际协同单位的想法产生到正式成立足足用了6个月的时间。直到1992年1月，国际互联网协会（Internet Society，ISOC）才在各大政治势力的角逐中脱颖而出，成为互联网发展的先锋队，以及互联网基础秩序的"守护神"。

从1989年欧洲核子研究中心（CERN）开放了其第一个外部TCP/IP连接到20世纪90年代互联网向亚洲的渗透，基于TCP/IP协议的互联网逐渐走向全球，其中，美国国家科学基金会充当了现代互联网概念的催化剂。

可以看出，美国国家科学基金会将"Internet"从美国政府手中解放了出来，自下而上地推动了"Internet"概念的演进，大众造就了互联网的奇迹和"Internet"这个概念的内涵。

4. 进入国内以后互联网的概念

互联网进入国内之初，人们对互联网的描述没有统一的名称，"信息网络""上网""因特网""网络媒体"等均在媒体的报道中出现过。当我们面临计算机网络这样一种新事物时，首先需要给它命名。只有赋予其名字，才能使它与事物形成约定俗成的关系，从而成为一个符号，在汉语共同体中建立起交流的基础。那么，以"网"为基础词汇赋予计算机网络以"信息网""因特网""互联网"等名称，实际上就是要使这一新事物在话语体系中成为一个方便交流的符号。无论称呼该新事物为什么，"网"始终是其核心。

1984—1993年为中国互联网的萌芽期，《人民日报》关于前互联网时代的网络报道常以"计算机网络""信息网"指称没有接入互联网之前的电脑网络，相关报道也比较少。纵观1994—2007年期间的报道，《人民日报》在指称互联网这一对象时所使用的词汇并不统一，有"互联网（络）""因特网""Internet""信息网（络）""国际信息网络""交互网络"等，其中以"因特网"和"互联网（络）"较多。1997年7月18日全国科学技术名词审定委员会公布了包括Internet在内的一批网络名词的规范译名，Internet被音译为"因特网"。2007年，以工业和信息化部电信研究院和中国通信标准化协会作为主要起草单位，由郭亮、王妮娜、聂秀英和赵锋等起草人推荐将通信名词术语"Internet"对应的中文"因特网"制定为国家标准（GB/T 32402—2015），并于2015年12月31日发布，于2016年3月1日起正式实施。

"互联网"这个名称来自网络自身，有着独特的生命力。"因特网"一词的贸然介入不但没能统一名字，而且有意思的是，2007年以后，"互联网"成为网络上使用最为频繁的概念，"因特网""Internet""计算机网络""国际互联网"等基本未再出现，"互联网络""信息网（络）"等概念则仅在"公共信息网络安全监察"等专用名词中使用，"互联网络"的用法大多用在描述中国互联网络信息中心及其发布的《中国互联网络发展状况统计报告》中。显然，如果没有大量的网络用户自下而上的力量主导，"因特网"这个名称很可能仰仗专家和国家强制标准的力量而大获全胜。不过，最终还是广受网民喜欢和自发使用的"互联网"压过了"因特网"，取得了压倒性的胜利。

二、互联网的特点

通过上述对互联网概念的了解，笔者总结出互联网具有整体性、开放性和共享性的特点，本部分也主要从以上三个特点进行分析。

（一）整体性

互联网是"冷战"的产物，它的出现与战争有着密不可分的关系，简而言之，互联网建立的雏形是一件为了避免核武器打击的"防御性武器"。计算机网络的建设在发展初期呈现百花齐放的状态，全世界主要的科技强国均着手研发属于自己的类阿帕网网络，且不同网络从建设初期开始，各自研发者所使用的操作习惯和对数据的处理规则都不尽相同，这直接造成了不同网络无法互相识别、互相传输数据的无奈结果，网络间不相通带来的低效问题，开始日益凸显。无论是阿帕网还是英国国家物理实验室网，它们都无法与其他的网络进行交流。在互联网的发展过程中，随着互联网的民用化，互联网的接入量与日俱增，但各大组织所确立的规则不同，原本应该用于研究怎样让互联网持续向前发展的资金和人才，往往用于解决因规则不通而造成的"连不通"问题，严重影响着全球互联网的发展进度。

互联网的整体性就体现为它作为"万网之网"，是一个全球网络，在全球范围内组成一个虚拟空间，融合了整个互联网的标准、规范、体系和设施。没有这个整体的网，就没有互联网。

（二）开放性

最初的阿帕网是美国国防部承包的防御网络，但计算机网络技术的发展远远超出了美国国防部的预料，开放性作为互联网的基因在后来的发展中逐渐被注入。随着互联网的极速扩张，以及政府、商业机构、科研机构、非营利组织等全面介入，互联网的价值也被重新定义，那就是"重要商业意义、重要政治意义、巨大的用户数"。显然，在商业意义的驱使下，直接引发了资本对互联网的争夺。任何一个网络的类型、技术选择和活动范围都不受特定网络结构的支配，而是可以通过网络互联结构与其他网络连接。这种"无疆界"的优势得益于它所采用的TPC/IP协议。1973年，罗伯特·卡恩、文顿·瑟夫推出了TCP/IP协议，解决了数据在互联网这张大网上传输的基本准则问题，确定了数据传输的基本规则。为了方便确定每台计算机的位置，为数据传输找到可识别的目的地，IP协议将网络的每一个节点都进行了地址化的标注，而这个标注即我们常说的"IP地址"。TPC/IP协议是互联网实现不同网络互联的标准。

在开放的网络结构中，每个网络都可以根据特定的环境和用户特点自行设计和发展，而且可以有自己向用户提供内容的单独接口，因而能够使其具有高度的开放性。

（三）共享性

HTTP（超文本传输协议）和HTML（超文本标记语言）搭建起了一个被称为"网页"的新事物，并由此衍生出了我们所熟悉的万维网。他们将互联网的使用门槛一再降低，人们只需通过点击被称为"网页"的超文本中所记录的标记，立刻就可以跳转到标记所对应的数据，不需要操作者懂任何软件编程以及计算机编写代码技能。随着网页的诞生，互联网的民用雏形已经基本完成。互联网具有庞大的信息资源，这是任何信息库所无法比拟的，其储存的内容几乎能够包含一切，而且这种信息资源可以实现人类的充分共享，打破了我们过往信息空间和地域的束缚。

随着互联网的普及和发展，人们可以随时随地接触到互联网，网站成为各行业展示和沟通最方便的桥梁。人们可以通过互联网获取所需要的任何信息，而且还可以对其进行科学的分类。搜索引擎的出现，使互联网使用者可以非常容易地查找和检索信息资源，极大地缩短了信息交流的时间。互联网以其无与伦比的共享性丰富和方便了人们的生活，对推动社会文明的发展和进步具有历史意义。

三、互联网的影响

互联网已经深入人们生活的各个方面，给人们的生产生活带来了天翻地覆的影响，同时也改变着人们的观念，使人类的生活方式产生了巨大变革。从 20 世纪中后期互联网的诞生，到 21 世纪初期互联网百花争艳，本质上都只是通过不同的手段，将人类和人类之间的交流效率提高到极致，对人类社会的影响也涉及很多方面。

互联网带动了电子商务平台的应用，推动了国际经济贸易市场全球化的发展，也使国与国之间的经济往来越来越密切，商品货物运输更加频繁，人们生活更加便利。互联网的发展使国际贸易的交易成本、采购成本和选择成本不断减少，同时也缩小了库存周期，加快了单据的传递效率，真正意义上实现了世界经济效率的提升。在经济全球化的背景下，贸易自由化程度加深，市场调节相较于国家调控而言起主要调节作用，所占比重加大。各国为了保证自己的利益，使自己处在贸易顺差中，需要不断优化产业结构、发展高新技术、出口科技含量高的产品来增加出口额，增大自己在国际贸易中的竞争力。

互联网是人类科技史上的一次革命。互联网成为产业数字化转型的重要驱动力量，越来越多的国家和地区都在加快发展数字经济，并将推动互联网与实体经济融合作为提升综合国力的重要举措。中国正处于新旧动能转化的关键时期，因此，顺应科技和产业发展潮流、促进互联网应用、加快数字经济发展刻不容缓。2020 年，习近平总书记在致世界互联网大会的贺信中指出："当今世界，新一轮科技革命和产业变革方兴未艾，带动了数字技术的快速发展，也为制造业高质量发展创造了良好机遇。"互联网的核心是信息通信技术，即 ICT，而 ICT 又是驱动全要素生产率增长的重要因素，可以直接或间接地推动制造业数字化转型，是促进制造业提质增效的重要动力来源之一。

互联网也被归类为 20 世纪出现的通用目的技术，具有以下特征：第一，它无处不在，能够被广泛地应用到经济活动中；第二，它可以不断完善，具有技术持续改进的潜力；第三，它具有创新互补作用，有助于推进应用部门的创新活动。互联网的这些特征能够加快孕育生产活动的"新动能"，促进不同行业的转型升级和高质量发展。互联网时代下，企业实现了跨界创新颠覆，传统以供给为导向的商业模式变为了以需求为导向的价值创造方式，以企业内部独立的创新模式转向了外部群体集体创新的模式，整个行业的业务运行模式得到全面革新。

现代互联网技术进一步解放和发展了人类社会生产力。随着互联网技术的诞生，社会生产力发展有了"质"的提升，体现在：劳动者的文化素养和智力得到提高，逐渐掌握现代互联网技术的应用技能，凭借着对知识和技术的掌握，使体力劳动与脑力劳动的差距逐渐缩小，提高了自身的劳动能力，增强了人的主体力量；现代互联网技术革新了劳动工具和劳动资料，使更多的移动智能设备和机器投入工作和生产之中，使数据信息成为新的生产要素，成为人们工作、学习和生活的得力"助手"，加快了劳动者与劳动资料的结合，提高了人的工作效率，进一步增强了人的劳动能力；同时，现代互联网技术渗透进人类社会的生产生活中，为人的生存发展创造了一个便捷高效的智能环境，扩大了劳动对象范围，实现了人的发展需求。

互联网促进了人的劳动方式多样化和实践活动虚拟化，同时实现了人的衣食住行便捷化和学习办公高效化。现代互联网信息技术革命对人类文明的影响尤为深远。在现代互联网信息科学的带动下，社会生产技术日新月异，以数字化、网络化、智能化为特征的信息化浪潮蓬勃兴起。

我们应借助信息技术的发展，推动教育变革和创新，构建网络化、数字化、个性化、终身化的教育体系，建设"人人皆学、处处能学、时时可学"的学习型社会，培养大批创新人才。互联网在推动实现教育现代化的进程中大有可为。互联网可以突破时空边界，推动优质师资跨校、跨区共享，学生随时可以获得高质量的教育资源，这在一定程度上缓解了师资配置不均衡、不充分带来的学生机会不均等的矛盾。互联网基本覆盖了现有学科的全部核心概念，通过对学生在线学习、答疑等情况进行大数据分析，既可以对学生学习情况进行精准画像，也可以综合分析学校的整体教学情况。互联网教育信息化是当今世界教育发展的大趋势，也是我国加快信息化时代教育变革的重要战略举措。教育信息化是教育现代化的基本内涵和显著特征，是信息时代教育改革发展的必由之路，是促进教育公平、提高教育质量、推动教育改革的有力抓手和有效手段。

第二节　互联网的发展历程

一、阿帕网时期

（一）互联网的起源

纵观悠长的人类文明史，战争往往是科技大爆炸最有效的"催化剂"之一。为了能够战胜敌人，求得更多的生存机会，人们往往会想方设法地琢磨新东西，以主导战场。在科技的加持下，某一瞬间，人类似乎也能拥有"超自然"的力量。

当然，对于21世纪彻底改变人类生活方式的信息革命核心——互联网来说，它与战争也有着密不可分的关联。互联网的雏形就诞生于 20 世纪 40 年代的美苏"冷战"之中，其最初是作为一种武器而发明的。1947 年 3 月 12 日，时任美国总统的杜鲁门宣布美国将全面遏制共产主义发展，进而确立美国领导全球的"二战"后新秩序，美苏两国由此陷入了"冷战"状态。和历史上所有大战一样，为博一个出师有名的"正义地位"，美苏政府的宣传机器往往会不遗余力地将对方形容为要扼杀自己的"刽子手"。因而整个"冷战"期间，美国大多数国民都视苏联为洪水猛兽。同样的，苏联人民也将美国称为大魔鬼。1957 年 10 月 4 日，苏联将一颗名为"斯普特尼克 1 号"的 83 公斤级的轨道卫星送进了太空，并且该卫星非常顺利地围绕着地球工作，甚至每天都会经过美国上空，这使美国举国上下陷入恐慌。1958 年 2 月，在历经各级政府高层长达数月的紧张讨论之后，美国正式出台了作为履行总统对国民"保持科技领先"承诺的具体执行方案：由国会直接拨款，在美国国防部的五角大楼建立一个特殊部门"高等研究计划局"，简称"阿帕"。互联网的前身就叫作阿帕网。阿帕网是为了解决阿帕体系内的技术专家分散于全国各地，资源无法及时对接的问题，以及保证美国在遭受核弹攻击的情况下不丢失相关技术资料而建立的一个巨大的"网状"资源互通系统。

1963 年 4 月，阿帕信息处理技术办公室主任利克莱德提出了第一个解决方案——建立"分时网络"，首先建立一个巨大的电脑主机服务器，然后主机服务器分别连接多个主机终端。按照理论，每一台主机终端都能任意调用主机服务器里面的数据资源，这便是互联网前身——阿帕网的第一个雏形。

（二）互联网实验室的建设

1968 年 6 月 3 日，时任阿帕信息处理技术处处长罗伯特·泰勒提出立项的网络建设计划经过 2 年的紧张讨论与验证，正式由网络项目负责人拉里·罗伯茨以信息处理技术处的名义向国防部高级研究计划署提交。该研发计划名为"资源共享的电脑网络"，自此阿帕网进入实验建设阶段，建设网络的种子开始发芽。1968 年，拉里·罗伯茨的阿帕网开始组建后，保罗·巴兰的"分布式通信系统"成为最可行的参考方案。毫不夸张地说，保罗·巴兰的相关理论研究，对于当今的互联网产业的形成和发展功不可没，而他发明的一些基础网络技术，也构成了当今互联网产业的基石。

1969 年，美国 BBN 公司正式接受阿帕网的委托，将 IMP 由理论变为实物。为了顺利完成任务，该公司特意组建了一个叫"小家伙"的攻坚小组。按照"小家伙"的讨论结果，IMP 被具象地定位成了计算机在互联网中的影子替身，为其负担在分布式网络中该履行的责任。假如将互联网类比成以前的邮电网络，那

IMP 就是该网络中遍布各地的邮局，负责邮件（数据）的存储和转发。1969 年 8 月 30 日，第一台 IMP 被送到加州大学洛杉矶分校。紧接着，斯坦福研究所也于 1969 年 10 月 1 日获得了一台 IMP。互联网前身阿帕网正式开始组网。1969 年 11 月 21 日，阿帕网的永久性链接正式在加州大学洛杉矶分校和斯坦福研究所之间建立，他们成为互联网历史上第一次不同计算机之间建立稳定数据沟通渠道的机构。紧接着，美国军方最重要的合作伙伴——加利福尼亚大学、犹他大学，也相继收到了来自阿帕网项目组送出的 IMP，进而连入了阿帕网，自此建成了互联网历史上第一个成熟的传输体系——"4 节点阿帕网"。

（三）TCP/IP 协议让世界互联成为可能

在美国阿帕网发展的同时，世界各地的科技强国也在组建自己的网络，其中比较著名的有英国国家物理实验室网络。由于不同网络的数据处理方法不一样，导致这些网络无法互联互通。如何让不同网络之间实现直接的连通，成为当时电子计算机科学发展最迫切需要解决的问题。就在这时，罗伯特·卡恩、文顿·瑟夫的 TCP/IP 协议应运而生。

1973 年，经过数月的讨论和论证，罗伯特·卡恩与文顿·瑟夫提出：既然不同网络在传输数据时，都有一套自己的传输协议，即规则，而这也是造成不同网络不可兼容的主因之一，何不创造出一个公共的协议，让信息在不同网络间传输时，依旧遵循熟悉的规则，避免出现"水土不服"？当然公共协议并不是要求各个网络的规则必须按照一个特定标准来写，而是以方便互相识别为出发点，在原有的各方传输协议之上再套个"外套协议"。为此，罗伯特·卡恩与文顿·瑟夫齐心协力敲出了一个叫 TCP/IP 的协定，其中 TCP 为传输控制协议，IP 是网络之间的互联协议。根据传输控制协议的要求，数据传输中最小的传输单位——数据流按一定规则组合打包成报文，数据流和报文的关系可以类比为一张纸和一叠纸的区别。与此同时，为了保证报文不会在传输途中丢失，且准确地到达接收方手中，TCP 制订了一个严谨的反馈机制，即报文的组成结构中除了它所包含的相关数据流外，还会显著地标注该报文从哪里来，到哪里去。当报文到达目的地之后，根据 TCP 协议要求，接收方将启动回复机制，告诉报文的输出方自己已经接收到了，输出方接到反馈之后结束传输任务。相反，若接收方没有在指定的时间内回复，TCP 协议就会认为数据丢失了，开始重新发送数据，以保证传输任务的完成。IP 协议则是互联网中数据传输的基本单元和格式以及输送方法与运输路线的规则。数据传输基本单元和格式即前文所说的"外衣"，它是解决因网络组网初期百花齐放的局面造成的各个独立网络间因数据格式不同而无法互通的问题，即一种能够被所有已知网络识别的全新格式，具体执行方案是将 TCP 协议组合打包的报文，再一次按特定规则组合打包成为数据包。数据包区分于 TCP 协议下的报文，最大的特点为拥有"无连接型"特性，允许一台计算机在任何时刻发送数据给任何一台其他的计算机，不像 TCP 协议下的报文，需要先利用"三次握手协议"将两台计算机建立连接状态，使数据的传输路线固定后，才开始传输数据。"三次握手协议"是在数据发送前的一种准备协议。在该协议的框架之下，想让数据从一台计算机传到另一台计算机，需要先让两台计算机联通；同理于我们打电话，需要先把电话拨通。当然计算机联通并不像电话那样，只需拨号然后等响铃，计算机是先让输出方告诉接收方"我要传数据，你可要接好了"，然后等接收方回复没问题，最后输出方确认立即发送。至此，经过三次的交流计算机才完成连接，构建起数据传输通道。

然而就在罗伯特·卡恩、文顿·瑟夫提出 TCP/IP 协议的同时，相同原理的协议也在欧洲、日本等科技发达的地区孕育了，到底用谁的协议来联通全世界尚处"诸侯割据"状态的独立网络，进而建立覆盖全世界的互联网，成了一个让全世界计算机科学研究人员头痛的问题。由于互联网规则的制定，在一定程度上将决定一个国家对未来世界的话语权，因此各方政治势力开始了漫长的角逐，以至于在 1973 年就基本成型的 TCP/IP 协议，一直拖到了 1983 年才正式开始推向全世界。1982 年 3 月，美国国防部宣布 TCP/IP 是所有军用计算机网络的标准。而因当时美军在欧洲领衔一个叫"北约"的组织，以英国和挪威为代表的北约成员国出于军事协调的必要，相继开始根据 TCP/IP 对自身国内的独立网络进行 TCP/IP 化适配。

二、民用时期

（一）美国国家科学基金会网络

美国国家科学基金会成立于 1950 年，主要职责是从美国国会拿钱，然后去资助民间的基础研究计划，最终达到促进美国科技繁荣的目的。

20 世纪 70 年代阿帕研发的大量军用项目落地之后，军方就立即着手对落地的军用科技进行民用化改造。其中一个最重要的环节就是，改变这些军用科技的主管单位以及资金来源单位。为此，在 1972 年，负责支持民间研究的美国国家科学基金会在国防部的授意下，接管了原属国防部管辖的 12 个跨学科材料研究实验室的管理与协调工作。1981 年，经过美国军方的允许，美国国家科学基金会被允许使用阿帕网的技术"另起炉灶"，打造出了"计算机科学网络"，该网络将基金会资助项目下属的计算机紧密地联系在了一起，并将之"有限"地跟阿帕网进行了连通。由于拥有美国国家科学基金会背书，加之当时美国是先进科技的领头羊，计算机科学网络很快就得到了全球科研从业人员的认可，欧洲、亚洲都相继有科研机构将自己的内网接入计算机科学网络。如此一来，以阿帕网为主干道的全球网络体系基本确立，科研工作者之间逐渐建立起了数据狂奔的网络，科研界迎来了属于它的信息化时代。1983 年 1 月 1 日，阿帕网全面启动了 TCP/IP 协议，这使当今互联网的分布式结构体系以及分组交换输送理论得以全面架构完成。阿帕网正式开始了民用之路，其相关技术以及理论除了特殊军用定制品外，完全开放给了各大民间科研机构。如此一来，阿帕网也不再是唯一的成熟网络体系，借助其技术研发的各式网络雨后春笋般应运而生。其中最著名的是 1985 年开始组网的美国国家科学基金会网络，该网由美国国家科学基金会出资建立，目的是将自己下属的 5 台超级计算机项目完全互联。由于基金会网络的起点完全是独立的，因而当用户接入国家科学基金会网络之后，不会再通过阿帕网体系的权限访问超级计算机。有访问权限的用户可以在国家科学基金会网络中直达超级计算机，并利用其做任何不违背现行法律的事。

1985 年，互联网咨询委员会召开大会，全球各地的计算机研发商、计算机网络开发商汇聚一堂。经过数日的激烈辩论，TCP/IP 借助美国作为世界霸权的背书，获得了全球民用领域的一致认同，被确定为网络间连接的基础协议，成为当今互联网的基石，也拉开了互联网全球"互联"的序幕。因有超级计算机这个硬件加持以及国家科学基金会不遗余力地推动，1986 年年初，国家科学基金会网络正式取代了自己的前身阿帕网，成为当时的互联网主干网。阿帕网则在 1990 年寂寞地消失在历史的海洋中。

（二）早期商业化

20 世纪 80 年代中期，互联网的使用得到了空前发展。那时，大家用互联网这个术语指所有互联互通的网络，但从本质上说，主要还是用于学术和科学研究。但对于个人而言，要与外界的学术机构或大型企业建立连接还比较困难，或者说费用昂贵，只有使用学术和科学应用软件才能访问美国国家科学基金网络的高速主干网络。连接系统数量的增加使得一些方便用户使用的系统也随之发展，如域名系统（DNS），它创造了目前我们所熟悉的主机命名系统。

IP 协议在为接入网络的电子计算机分配类似"门牌号"的 IP 地址时，采用了 4 段式"点分十进制"作为编写规则，表示为"a.b.c.d"，其中 a.b.c.d 都是 0—255 之间的十进制整数。随着接入网络的计算机越来越多，基于不重复原则，IP 地址分配开始变得极其复杂，非常不方便记忆。最早的 IP 地址可能是"1.2.3.4"，发展到后面往往成为类似"118.112.207.123"的无序组合。虽然无序、复杂的组合与有序、简单的组合对于电子计算机来说在读取上没有丝毫区别，但是无序、复杂的组合会给电子计算机的操作员造成记忆负担，人们很难轻松地处理一连串无序数字。如此一来，无序、复杂的 IP 地址间接地抬高了互联网的使用门槛，成为将互联网推向普罗大众的主要拦路虎之一。

域名系统，本质上是一个分布式数据库，它通过储存 IP 地址和域名的串联关系，让用户在访问指定域名时，可以直接访问域名背后的 IP 地址。即用户在访问一个域名时，请求会先访问 DNS 系统，寻找到域名对应的 IP 地址，然后 DNS 再让用户和 IP 地址所属的计算机主机直连。如此一来用户不再需要记忆复杂的数字 IP 地址，一种老百姓喜闻乐见的接入互联网的方式诞生了，为互联网民用化打下了重要基础。

20 世纪 90 年代，随着计算机走进千家万户，越来越多的非机构用户有了对互联网的需求，美国政府开始逐步允许商业系统和私人接入国家科学基金会网络，互联网民用化从此进入高速发展期。由于公共部门和商业电信供应商的推动，通信带宽不断增长并带动了网络的发展。随着美国政府政策的放宽，光纤的采用使长途电话网络效果大为改善。随着基础设施的完善，1990 年，互联网已经连接了 30 多万台主机。

（三）万维网

最初诞生的互联网只是将不同地区的不同计算机硬件连接在一起，使信息传送和交换更快、更顺畅，但是不能在网上对信息进行存取、查询、编辑和发布等，即它还缺少相应的软件程序。而且当时上网时面对的是一行行只有电脑专业人员才看得懂的程序和代码，因而在相当长的时间里，互联网只是少数专家、学者使用的高级工具。

1989 年英国科学家蒂姆·伯纳斯·李成功地开发出世界首个 Web 服务器和 Web 客户机，进而创建了万维网（World Wide Web）后，互联网才正式揭开了新纪元。这使互联网像生命体一样"活"了起来，并从象牙塔进入寻常百姓家中，使每个普通人都能上网浏览冲浪。

　　蒂姆·伯纳斯·李于 1955 年 6 月 8 日出生于英国伦敦，由于父亲康威·伯纳斯·李和母亲玛丽·李·伍兹是计算机曼彻斯特 1 型项目组的成员，可以说他自出生那一刻起就跟计算机结下了不解之缘。1976 年，蒂姆·伯纳斯·李自英国顶级学府牛津大学物理系毕业，并拿到了当年的一级荣誉学位，即当年毕业生中成绩最优异者。此后，蒂姆进入了当时最吸金的英国电信行业担任软件工程师，并于 1980 年前后被欧洲核子研究中心指定为电子计算机软件的独立承包商。蒂姆在帮助核子研究组织做数据沟通软件时，无意间接触到了"超文本"，这一概念由计算机科学家德特·纳尔逊始在 1963 年提出。基于此，蒂姆萌生了建立一个超级大文档的想法，将全世界所有接入互联网的计算机节点中的数据纳入其中，而数据与文档通过被称为"超链接"的行为建立对应关系，点击文档特定标识，就能直达背后的数据所在地。

　　蒂姆自牛津大学毕业之后，就从事为计算机开发软件的工作，接触到的多是小范围内的数据共享，因而当"超文本"的概念冲击他的大脑之时，蒂姆瞬间觉得自己知识不够用了。所以他并没有第一时间就去实践"超文本"，而是选择到当时大规模应用"实时远程过程调用"的计算机系统公司服务。通过工作实战摸索，蒂姆的知识积累开始从计算机软件领域向互联网领域迅速"扩张"。1984 年，蒂姆回归欧洲核子研究中心，以正式员工的身份入驻粒子实验室，干回了大学本科的老本行——物理。由于他有丰富的计算机软件开发经验，在其完成基础的研究性工作之后，被要求开发一个方便各个独立实验室、研究所的能够快速进行数据传播、交流的软件。虽然那时在 TCP/IP 协议的构造下，全球只要接入网络的计算机都能完成数据交流，但过程依旧是异常复杂的，怎样传、怎样接收，均需专业人士进行代码级的操作。

　　在 1989 年 3 月，蒂姆正式将 9 年前接触的"超文本"概念进行实践操作，提出以"超文本"技术建立数据共享网络的倡议。1989 年夏日，经过数月坚持不懈的努力，蒂姆写出了 HTTP（超文本传输协议）和 HTML（超文本标记语言），二者结合再搭配上已存在的互联网，孕育出了一个叫"网页"（Web）的新事物。相对应的，人类硬件史上第一台 Web 服务器和 Web 访问终端也在网页的需求中诞生了。通过实验阶段的网页，操作员可以轻松查询到欧洲核子研究中心各级工作人员的电话号码，尽管当时 Web 服务器只能说是欧洲核子研究中心的电话号码簿，而且只允许用户进入主机来查询研究人员的电话号码，但它是人们从未看到过的非常实用的超文本浏览器。蒂姆·伯纳斯·李将他的发明定名为万维网，并以其英文缩写"WWW"于 1991 年 5 月正式登录互联网。由于万维网将互联网上的文本、图像、声音等各种信息链接到一起，而且通过浏览器人们可向万维网服务器发送各种请求，并对从服务器发来的超文本信息和各种多媒体数据格式进行解释、显示和播放，从而使普通人在网络上能图文并茂地发布和交换信息。因此万维网一问世立即引起轰动，并得到越来越广泛的应用。

（四）浏览器

1991 年除了诞生了第一个 Web 网页之外，更多新鲜事物纷纷诞生。Gopher，第一个查找文件内容而不仅仅是查找文件名称的搜索协议，是很多学术界人士使用的第一个搜索引擎工具。同一年，MP3 成为标准，为互联网插上了音乐的翅膀。被高度压缩后的 MP3 文件，后来成为通过互联网分享歌曲和整个专辑的流行格式。

1991 年 12 月 1 日，由戈尔起草的《高性能计算与通讯法案》（史上闻名的《戈尔法案》）在美国国会通过。该法案拨款 6 亿美元，推动美国互联网的发展。1992 年 11 月 3 日，比尔·克林顿当选美国总统，戈尔成为副总统。戈尔对于互联网的梦想显然打动了年轻的克林顿。1993 年 9 月，克林顿和戈尔发布报告，号召加快国家信息高速公路的建设。1994 年 1 月，戈尔为当年的《互联网指导大纲》撰写序言，成为美国历史上第一位通过国家互联网举办互动式新闻发布会的美国副总统。在政策拉动下，北美、欧洲和东亚地区都迎来了网络建设的高潮，1994 年被称为"国际网络年"。1993 年，浏览器问世被许多人认为是开启互联网辉煌年代的里程碑。1993 年网站数量达到 600 个，与美国国家科学基金会网络连接的计算机数量从 1985 年的 2000 台增长到 1993 年的 200 多万台。尤为关键的是，面对越来越强烈的商业化需求和机会，美国国家科学基金会没有加以阻挠，而是引导了一个新的互联网架构，以支持新兴网络的商业使用。1994 年，互联网商业化浪潮最具标志性的网景（Netscape）诞生了。同年，微软公司为 Windows 95 创建了一个 Web 浏览器。斯坦福大学的两名电气工程系的研究生杨致远和大卫·费罗创建了雅虎，并于 1995 年 3 月组建了公司，很快获得了风险投资的青睐，全球第一门户由此起步。随着互联网向商业企业转型，原始的美国国家科学基金骨干网已经退役。

1996 年，互联网商业化的第一场大战——浏览器战争爆发，PC 行业最具垄断力量的微软投入重金抢占浏览器市场。1996 年 7 月 4 日（美国独立日），Hotmail 正式开始商业运作，世界上的任何人都可以通过网页浏览器对其进行读取，收发电子邮件。1997 年末，Hotmail 成立还不足两年、员工仅有 26 人，微软以 4 亿美元将其收购，开创了互联网的又一个财富神话。而微软也借助 Hotmail 巨大的人气一跃成为全球注册用户最多和访问量最大的三大网站之一。同年，美国作家丹·布朗的处女作《数字城堡》出版，以美国国家安全局、数码网络高科技为背景，探讨公民隐私与国家安全之间的矛盾。20 世纪 90 年代后期，轰轰烈烈的反垄断大战一直伴随着微软。1997 年，得益于司法部的宣判，可以删除或者隐藏最新版本 Windows 95 上面的 IE 浏览器，网景宣布自家浏览器免费。1998 年，谷歌（Google）诞生，其唯一的服务就是搜索引擎。雅虎此时还看不上它。但在 2000 年，雅虎选择跟谷歌合作，付出 720 万美元，让谷歌为其提供搜索服务，这一大手笔使得谷歌第一次开始盈利。雅虎收购了很多公司，却没有成功收购谷歌，原因是 2002 年谷歌开价 60 亿美元，双方没有谈妥价格。谁又能知道 15 年之后，谷歌市值超过了 6000 亿美元。1998 年，网景公司在互联网上为音频文件的共享打开了大门，P2P 技术和应用的诞生改变了整个互联网格局。接下来的 10 年里，音乐专辑销量减少了一半，自然引发了音乐行业和电影行业的不满，开始掀起互联网领域的强化版权保护进程。1998 年，个人网站德拉吉报道（The Drudge Report）发布了第一个打破传统方式的重大新闻报道。9 月 9 日，独立检察官斯塔尔将完成的调查报告移交国会，全球各大网站纷纷转载刊登，由于访问量过大各大网站频频阻塞、崩溃，人们在各种论坛展开讨论。当这条新闻开始在网上疯传时，意味着互联网首次从传统新闻媒体手中篡夺了重大事件的报道权。

三、互联网的大爆发

（一）互联网的转变

谷歌、百度两家几乎同时诞生的公司，依托关键词广告和竞价广告理论构建的区别于门户网站的"千人千面"广告系统，在太平洋两岸缔造了属于"全文检索"的互联网新时代，且随着各自用户的增加，一起将搜索网站打造成了继浏览器之后新的互联网超级流量入口。与此同时，由于这个流量入口是由搜索引擎公司生成的页面组成的，间接地让"搜索网站"对流量入口有了极强的控制力，能够诱导流量去它认为应该去的地方。所以在 21 世纪初，搜索引擎一度成为支配互联网的"上帝之手"。

21 世纪的前 10 年，电商、社交、个性推荐资讯产品日益增多，互联网用户获取数据的方式开始变得多样化，而相对的，互联网用户上网的时间总量却没有改变。如此一来，各个领域的互联服务产品，为了能够将用户留在自己的手中而拼命地努力。其中，以百度和谷歌为代表的"全文检索"搜索也未能避免参与这场争夺时间的互联网大战，它们相继推出各种直面用户的聚合服务，让搜索从"搜索即信息"向"搜索即结果"转变。举个简单的例子，假如我们输入"高考"二字，在搜索引擎的结果页面，不再仅仅是像以前一样出现各种和高考相关的网址列表，而是直接出现用户最迫切问题的解决方案，譬如各地区文理科本科分数线查询、高校招生分数线查询，且这些功能可以直接在搜索结果页面完成获取结果的操作，用户无须跳转出搜索引擎。搜索引擎不再局限于帮网站导流，给用户提供选择，而是直接在自己的页面提供用户想要的方案。曾经用户从搜索结果页面到相关服务网站的产品模式，悄然变成了用户到搜索即结束，搜索不再只是一个中转站，它就是结果。

互联网在新世纪的第一个 10 年，可谓坎坷非常、多灾多难，先是经历最为惨烈的纳斯达克崩盘，又遭遇了 2008 年的金融危机。但是，这 10 年也因为创新而多姿多彩，全球网民从 2000 年年初的不到 3 亿，发展到 2009 年年底的 18 亿，网络全球普及率超过 25%。更重要的是，互联网超越了美国中心，真正进入全面开花的国际化阶段。各个国家和地区都有自己独特的发展路径、特色和模式。互联网商业化开始冲击传媒、商务、通信、社交等社会各个领域。新一代互联网巨头纷纷崛起，为下一个历史阶段最为庞大的超级平台诞生做着充分的准备。而各国政府，则以网络安全和网络治理为由陆续登上互联网舞台的中央，争抢主角的席位。

（二）移动互联网

20 世纪 60 年代，人们通过链接不同的计算机终端，在地球的上空构建了一张无形的互联网。利用互联网高效、便捷、迅速的特性，人与人之间的距离被无限地拉近。但由于早期互联网是依据计算机终端建构的，使用时必须以计算机为接口，所以绝大多数人无法随时随地在互联网上遨游，互联网用户的发展以及用户停留度因此遇到了瓶颈。

1997 年，依托计算机互联网的成功经验，全球四大移动通信服务商——爱立信、摩托罗拉、诺基亚和无线星球开始了丰富移动互联网的尝试。最初他们试图直接将移动互联网对接计算机互联网，然而由于计算机互联网的页面语言 HTML、HTTP 和 TCP 等传输协定在处理数据时的单位大小，是以计算机的数据处理能力以及计算机互联网系统的传输能力来设定的，当时的手机的硬件尚无法与之对接，移动互联网不得不走上了区别于计算机互联网的独自发展之路。

移动互联网诞生在通信网络的基础之上，而不同运营商之间的通信网络并非完全打通，所以在 2000 年到 2002 年的移动互联网第一阶段，往往都是由中国移动、美国 AT&T、德国电信这样的移动运营商所主导的。其中，中国移动在 2001 年推出的"移动梦网"就是这种模式最典型的代表。"移动梦网"是一个典型的客户服务平台，其服务模式有点像"服务"版的亚马逊，为满足用户移动的上网需求，中国移动将自己搭建的移动通信网络开放给合作伙伴，让他们通过建立服务平台为用户提供游戏、短信、彩信、WAP 上网、彩铃、铃声下载等移动增值服务，直接表现形式为各类短信手机报。2008 年 5 月，国际电信联盟正式公布了第三代移动通信标准（3G）。根据这个标准，移动通信网络的数据传输速度再一次有了质的飞跃，最快达到了 2 M/s，这个速度完全满足了读取计算机互联网数据的需求，为移动互联网和计算机互联网的融合提供了不可或缺的前提。不久，链接移动互联网和计算机互联网的无缝漫游技术被研发出来，移动互联网完成了仅作为计算机互联网补充的使命。同时，手机也开始成为与计算机平级的互联网接入终端。但是移动互联网并未因此而停止发展，移动互联网的数据传输速度在通信技术的不停迭代中大有直追计算机数据传输速度之势。2014 年，4G 上线后直接将移动数据传输速度从 3G 时代的最高 2 M/s 提速到了最高 100 M/s，比家用宽带 ADSL（4 M 宽带）还快。这意味着人们可以基于手机这个终端完成曾经只有计算机网络才能完成的绝大多数事情，且依靠终端为移动电话这个"小巧物"，还能实现让计算机互联网望尘莫及的独有"特性"。

（三）5G 时代

从 20 世纪中后期互联网的诞生，到 21 世纪初期互联网百花争艳，本质上都只是通过不同的手段，将人和人之间的交流效率提高到极致。网络购物可以提升商家与买家的沟通效率；互联网聊天交流则可以提升人与人之间进行远距离沟通的效率。但人类与物品、物品与物品之间的交流，受制于技术。虽然人类在不断地努力尝试，但是大规模运用于人类社会的网络技术进展却依旧非常缓慢，仅仅停留在类似超市收银台那种"扫码识别商品价格""按遥控器开机"的较"低能"的运用阶段。如何将互联网发展到任何时间、任何地点、任何物体间都可以畅通无阻连接起来的物联网，成为未来互联网的时代主题。

5G 全称为第五代移动通信网络，当 4G 全面商业化之后，5G 被定义为面向 2020 年的全新通信技术。在研发历程中对于该技术抢先发力的是韩国，2013 年 5 月 13 日，韩国三星电子高调对外宣布，已率先开发出了首个基于 5G 核心技术的移动传输网络，并宣布要在 2020 年之前进行 5G 网络的商业推广。在此之后，研发 5G 成了世界各国以及各大电信公司的热点，同时因韩国喊出了 2020 年商用的口号，5G 技术研发周期的历史终点也被默认为 2020 年。各国以及各大电信公司的科研人员，纷纷盯着这个时间点快马加鞭。2016 年 8 月 4 日，诺基亚与贝尔公司在加拿大完成了 5G 信号的测试，德国电信公司和中国的华为公司也在 2017 年 8 月 22 日联合布置实验了自己的 5G 方案，达到了"无处不在、实时在线"的效果。在 2017 年国际电信标准组织 3GPP RAN 第 78 次全体会议上，5GNR 首发版本正式发布，全球第一个可商用部署的 5G 标准正式诞生，5G 正式进入商业化的前夜。对于 5G 技术的前景，高通公司发布报告预测称：到 2035 年，5G 将在全球创造 12.3 万亿美元的经济产出；预计 2020 年至 2035 年间，5G 对全球 GDP 增长的贡献量将相当于与印度同等规模的经济体。

第二章 互联网与高校教育教学的关系

传统的教学方式深入人心，在互联网背景下，传统高校教育的弊端逐渐显现，因此，将互联网与教育相结合是提高高校教育质量、促进高校教育事业发展的重要举措。本章从互联网对高校教育教学的影响和互联网时代高校教育教学改革方向两个方面介绍互联网与高校教育教学的关系。

第一节 互联网对高校教育教学的影响

一、对高校师生关系的影响

高等教育的任务是培养具有社会责任感、创新精神和实践能力的高级专门人才，发展科学技术文化，促进社会主义现代化建设。高等学校是实施高等教育的主要机构，而教师和学生是其主要组成部分。在"互联网＋教育"的时代背景下，高校教师需要重新审视师生关系、更新教育观念、创新教育内容和变革教育手段。

（一）传统的高校师生关系

在传统的师生关系中，教师是知识的传授者、促进者和组织者，学生是参与者、学习者。特别是在中国的传统社会中，教师被认为是道和礼的载体和化身，同时也是道和礼的施行者和效法者。"天地君亲师""事师之犹事父也"等都说明在传统的师生关系中，教师具有绝对的权威，教师与学生的关系是不平等的，教师是绝对的领导者。在传统教育环境下，学生主要通过教师的讲授来获取专业知识。教师一般根据课程标准制订教学计划，利用课堂进行知识传输。在此环境下，学生大多被动地接受知识，且这些知识的重难点主要由教师从主观上根据经验把握，因此对欠缺教学经验的教师来说，他们对知识系统的把握度不足会直接影响学生的学习效果。除此之外，由于学生的专业素养和人生阅历都不及教师，导致学生不能根据自身能力及时辨别教师所讲的知识点正确与否；且因教师具有绝对的权威，学生作为受教育者，一般不会质疑教师的教学方法和管理方法。这种师生关系的不平等，导致学生缺乏创造力，同时也不利于构建和谐的师生关系。

（二）互联网下的师生关系

1. 学生为本的师生关系

教师是培养人才的实施主体。从教育过程看，它是教育者有目的、有计划地对学生施加影响的过程。随着高等教育的发展及社会因素的变化，高校师生的教学关系也逐步发生了改变，现在整个教育教学过程都在强调教师应以学生为主体。传统教学多以教师讲授、学生听讲的方式为主，不利于达到教学相长的效果。新的教学关系要求教师教授的课程应符合学生的学习发展需要，并且要求学生积极配合并付出努力。这样倒逼教师主动了解学生，加强与学生的交流，加强师生互动，并在互动中建立良好的师生关系。

2. 相互平等的师生关系

随着科技的发展，网络的普及率大大提高，在教育领域也引起了一场巨大的变革。互联网的迅速蔓延也深刻影响着教师的教学理念和教学模式，改变了学生的学习方式和认知方式。目前的大学生具有鲜明的时代特色，是真正的互联网原住民、典型的移动原生代。传统教学模式主要以教师为中心，教师作为知识的"权威者"，在课堂上引导和促进学生学习。"互联网＋教育"背景下，学生是网络科技下成长的一代，他们的学习途径不再局限于课堂教学，丰富的线上学习资源已成为学生提升自己专业技能的新途径。新一代的学生乐于在网络上查找各类学习文档和视频资源，随着慕课、微课、翻转课堂和手机课堂等新兴教学形式的出现，学生的学习途径也从"线下——面对面"的教学丰富到"云上——面对面"的教学。在互联网时代，每个人都是平等的个体，教师和学生都可以通过网络获取信息，教师不再是绝对的"权威"，如果教师的专业素养和教学能力不高，学生会对教师的知识构建存在一定的质疑，并可以通过网络资源进行及时验证。现在高校都有教学评价体系，学生可以对教师的教学水平进行评价，这种师生互评的平等关系促使教师顺应时代，及时改变教学理念和教育思想。

3. 相互学习的师生关系

新时代下，每个人都需要不断学习来顺应时代的变化和科技的进步。随着智能时代的到来，学习目的也逐渐从信息时代促进个人终身发展向促进全人类的共同利益转变。"互联网＋教育"环境下，教师需要根据自己的教学经验从海量的网络资源中整合各类学习资源供学生参考，给学生更多的自主权。在教学关系上，教师是学生的合作伙伴，与学生共同进行探究式学习。面对新技术的快速发展，如何当好服务者的角色，需要教师不断学习。特别是对于计算机领域的专职教师来说，要想在"互联网＋教育"模式下做好教学工作，就需要付出更多。面对计算机新技术，很多教师和学生是在同一起跑线上的，这时就需要教师快速吸收、理解掌握并讲授新技术，借助互联网资源，提高信息化教学能力。在此情况下，高校师生关系也从传统的"老师教，学生学"关系转变成"老师、学生互相学习"关系，在这种良性关系下，师生可以互动沟通，在沟通中增进情感，从而也帮助教师有的放矢地进行个性化教学。

二、对高校教学环境的影响

（一）高校互联网教学环境现状

1. 传统教学模式影响深远

各个高校都在如火如荼地建设高校互联网教学环境。大部分高校建成了高校信息库，取得了一定的教学成果，但是也受到了阻碍，传统的、灌输式的、以教师为主体的教学模式制约着高校教学环境的建设。传统的教学模式中，教师是课堂的中心元素，其本身的专业素养成为制约教学质量的重要因素，学生学习的主体性和学生的主观能动性受到抑制。但是随着课程改革的持续进行和互联网科技带来的信息冲击，学生的独立意识逐渐觉醒，作为教学对象的学生也会逐渐意识到，自己是课堂的主体，自己应该根据自身的学习短板主动求学，构建完善的知识体系。但是，部分教师仍旧将自己置于课堂主导者而不是引导者的地位，不愿意改进自己当下的教学模式，忽略了学生的主观诉求，坚守着传统的教学模式，沿用自己之前的师本位的教学策略，甚至不愿意主动应用高校互联网教学设备。以教师为主体的传统教学模式不符合素质教育的教学理念，学生个体之间会因为学习基础、学习环境等诸多因素存在较大现实差距，教师同质化的教学策略无法适配每个学生的学习情况。

因此，传统的教学模式和教学策略不再符合当下的教学要求，而且会对高校互联网教学环境的建设产生不利影响。此外，部分学生在面对新时代的互联网教学环境时，由于没有树立正确的学习理念，因此对这种新型的以生为本的学习模式保持消极应对的学习态度，只希望自己跟随教师的教学节奏，不考虑从互联网化的教学环境中主动获取知识。

2. 教师的互联网信息素养有待提升

互联网技术的发展日新月异，信息设备的更新速度逐渐加快，这对教师的信息技术素养提出了越来越高的要求，教师不仅要懂得基础的互联网知识，还要不断学习新的互联网技术。再加上许多教师没有接收过系统的技术培训，掌握的互联网专业知识相对较少，即便学校为教师提供了全新的信息设备，教师对其的利用率也不会特别高。例如，部分教师仅仅使用多媒体设备进行点名打卡、播放PPT 等，许多教师在互联网设备的利用方面，形式大于内容，有时仅仅是为了完成教学指标而打开互联网设备，反而会因此浪费宝贵的教学时间。

此外，部分专业的教师还面临着学科知识学习的压力，例如新闻学专业的教师需要不断接触和了解全新的新闻动态，掌握视频剪辑、微信制作等新媒体技术。部分高校教师所教专业的知识体系更新速度非常快，教师为了保持自己的教学地位，需要不断学习专业知识。

还有许多高校教师面临学科竞赛、项目规划、论文撰写、教学检查等诸多压力，教师也想根据自己的教学需求完善自己的职业技能，不断提升信息技术素养，但是往往因为现实情况，受到多方面的限制。

3. 互联网技术引发新的教学问题

虽然互联网科技带来的海量信息为师生提供了丰富的教学资源，但是海量信息的涌入也在悄然改变着学生的学习和阅读模式。科学技术延伸了人体的感官，信息和知识变得唾手可得，但是现代人在享受技术红利的同时，变得越来越浮躁，只想按照自己熟悉的路径、通过最少的时间和精力，获取自己最想要的趣味性信息。互联网浪潮引发的碎片化阅读模式席卷全球，影响了高校学生的学习效果。许多高校大学生变得越来越没有耐心，当大学生面对信息设备时，会习惯性地遵从碎片化的阅读模式，不愿意阅读一整本专业著作，甚至不能读完一整篇深度长文。这对高校的互联网环境建设产生了不利影响，当学生处于互联网化的环境中时，反而会降低学习效率。

此外，当处于互联网化的教学环境中，学生会受到手机、电脑等信息设备的吸引，逐渐偏离教师的教学内容。强制性的措施，例如没收学生的手机等，会导致学生产生对抗心理，教师需要采取符合学生身心发展规律的教学策略，巧妙地转移学生的注意力，屏蔽各种信息设备的干扰，提升学生的课堂学习效率。

（二）高校互联网教学环境建设的路径

1.构建新型互联网教学模式

为了保证学生学习的主体地位，提升学生学习过程的参与感和体验感，高校需要鼓励和督促学生增强主体意识，采取多种策略构建新型互联网教学模式，充分发挥学生的主观能动性。高校可以通过举办讲座、组织学生开班会等形式，帮助师生树立正确的以学生为本的教学理念，改变学生被动学习的状态，实现师生角色的转化。教师需要明确自己教学引导者的地位，保持教学的耐心和恒心，当学生遇到学习问题时，注意引导学生按照正确的学习策略解决学生的问题。教师需要巧妙地运用学校提供的互联网设施，实现师生之间的密切沟通，不断引导学生主动学习。教师也需要不断学习，为学生树立良好榜样。

信息技术的发展带来了海量的信息。为了迎合时代发展的要求，建设社会主义现代化强国，学生需要树立终身学习的意识，不断提升自己的综合素质，积极主动地从互联网上获取新知识，构建完善的知识体系，不断训练和提升自身的专业技能。高校可以建设完善的信息资源库，增设信息设备，为学生提供海量多元的多媒体教学资源，让学生根据自己的需求选择合适的学习资料，尽量满足不同层次学生的学习诉求，并且根据学科知识体系的更新，不断完善学校的教学资源。此外，仅仅完善高校的信息资源库是不够的，高校还需要开设针对性较强的信息技术课程，加大宣传力度，将信息检索等专业技能教授给学生，为学生的主动学习提供技术支撑。

2.提升教师的信息素养

为了构建高校互联网教学环境，高校负责人不仅要关注学生，也要关注教师，综合提升高校教师的信息素养。高校需要科学规划信息资源建设，合理分配学校的信息资源。为了减少对教师正常教学活动的干扰，高校需要建设完善的互联网校园平台，聘请专业的技术人员管理学校的信息设备。高校可以成立专门的信息化领导部分，做好顶层设计和综合管理。高校需要结合学科发展和教学需求，积极引进最新的教学资源，及时更新学校的信息资源库，对信息资源进行科学规划和分类，保证教师和学生都能享有充足的教学资源，为教师成长提供坚实后盾。

高校还需要综合考量教师的工作内容，建设新型教学团队。高校可以举办培训会和答疑会，组织技术人员对教师展开专业培训，帮助教师迅速掌握高校的互联网教学设备，鼓励教师主动学习和探究信息基础知识，提升自身的信息素养，综合提升教学实效性。然后，高校还需要完善对教师的考评模式，采取灵活机动的考察机制，适当削减或者改良一些硬性规定，要强调互联网教学的形式不应大于内容，教师应用互联网设备应该是出于自身教学的需要而不是应付学校检查的需要，教师应该实现教学内容和互联网环境的有机融合而不是机械整合。

此外，许多高校教师需要完成多项教学任务，教学压力比较大，高校可以通过引入慕课资源、实施翻转课堂等教学策略，适当减轻教师的教学压力，给教师留出更多的时间和精力，提升教师的信息素养。

3. 树立学生正确的学习观念

高校需要帮助学生树立深度阅读和深入学习的理念，改变学生的不良阅读习惯。学生需要构建完善的学科知识体系，主动进行知识归纳和总结，不断训练和提升自己的专业技能，利用互联网设施突破限制，联系现实生活，了解更多专业信息，提升自己的专业素养。为了帮助学生集中注意力，减少信息设备对学生的干扰，高校可以将互联网的教学工具引入课堂。例如，教师可以利用智能教学设备进行随机点名和抽查作业；在课程进行过程中，教师可以随时推送学习测试和学习打卡来提醒学生专注课堂；教师可以增设弹幕、评论等互动功能，提升师生互动频率。教师需要不断完善自己的课堂教学环节，并在课前做好充足的准备。学生也需要明确自身学习的主体地位，树立正确的学习理念。

三、对高校教学观念的影响

（一）传统教学观念的弊端

传统教师的教学理念相对落后，会导致学生参与课堂教学的程度较低。传统教育观念已经无法满足当前形势下新兴的教育需求。在当前时代背景下，无论是新型教育方针的落实还是互联网技术的发展，都要求高校教师转变自身的教学理念，立足于高校教学教材，将立德树人、培养应用型人才以及信息化技术进行有机整合，形成现代化的高校教育教学理念。但从现状来看，虽然大部分高校意识到了教学理念创新的必要性，但部分院校却处于教学理念转变的尴尬期，既没有彻底摆脱传统教学理念，但又开展着新型高校教学理念的变革，进而导致整个教学思路较为模糊。高校教师也没有熟练使用网络信息化技术开展教学活动，进而导致高校教学效率无法得到有效提高。

（二）互联网环境下的教学观念

互联网背景下，要重点关注教育对人的全面发展所产生的作用。在信息化的背景下，高校教学应该综合融入多门学科的理念与知识，促进学科融合。在教学的过程中，教师要着重关注学生的综合发展与全面成长，从而培养出有创新意识、紧跟时代潮流、身心健康、全面发展的优秀人才。互联网中有着海量的信息，并且这些信息是可以实现高效共享的。不同专业的师生都可以结合自身的学习要求，有目标、有针对性地在网络中获取知识与信息。这些信息是鲜活的，是多元的，是全面的，也是快捷的。形成网络思维，意味着师生应该要善于从网络中汲取信息，提高检索信息、辨别信息的能力；要有开放、包容的思想，从不同的观点中产生思考、有所感悟，形成自己的理解与认知；要有创新、进步的思想，不拘泥于已有的知识，不断地去开拓新的领域、探索未知的区域，了解最新的信息以尝试进行教育学习的变革，从中收获新的知识。学校要营造良好的网络环境，因为大学生的思维极为活跃，受外界各种思想的影响也尤为突出。互联网背景下，师生的角色有所变化，教师成为学生学习的引导者、促进者与合作者，学生则成为学习的主体。师生双方基于共同的目标，推进教与学的展开。教师充分利用先进的信息技术来营造学习情境、提供课程资源、激发学生的探究兴趣，学生则在教师的指引下，自主安排学习计划，对教师提供的资料等进行深度加工与整合，使之内化成为自身知识体系的一部分。

四、对高校教学方法的影响

（一）传统教学方法

由于受长期传统教学理念的影响，高校开展的课程教学模式存在较强的单一性、枯燥性，忽略了学生在教学活动中的主体地位，使得高校课程教学环境较为沉闷，无法有效激发学生的积极性。授课往往是以教师为中心对教材中重点的知识理论以及案例进行提炼和提取，在对其进行简化以及丰富之后通过课堂教学模式传递给学生。传统课堂教学是以教师为课堂教学的中心、以书本为媒介的，学生处于被灌输的状态，教学内容受教学大纲规定的限制，学生的学习一般局限于课本之内，教学侧重知识结论、轻知识过程与能力培养。

（二）互联网背景下的教学方法

互联网背景下，高校教学应该体现出在线学习与课堂学习的有机结合，实现取长补短。课堂学习立足传统、经验丰富，成为教育的主要阵地；在线学习不断创新、贴合需求，成为教育的新型平台。课堂学习与在线学习相互融合、互相作用、取长补短，形成完善系统的学习体系，指引学生获取知识、提升技能。微课程、视频公开课、慕课等依托互联网而形成的课程教育资源，不断充实着课堂学习的内容。多媒体设备、电子白板等先进技术设备进入课堂教学之中，也可以激发学生的学习兴趣，使教学内容的呈现更直观、更全面。教师要善于应用这些资源与技术，将先进的教学方法与理念融入学科教育之中，使课堂学习体现出网络时代的新特点，使课堂教学更丰富、更精彩，更能够吸引学生的兴趣，使学生在课堂学习中取得理想的学习效果。

移动终端的普及使高校师生都可以通过线上教育平台来完成教学工作。学生可以结合自己的兴趣爱好与专业需求，随时随地在线上展开学习，利用好碎片化的时间，全方位地提高自身的能力素养。高校应加强基础设施建设，引进先进的多媒体教学设备，进行线上教育教学平台的搭建，确保师生网络教育学习的顺利展开。

第二节　互联网时代高校教育教学改革方向

一、互联网教学的特点

互联网技术在高校教育领域的应用：其一，基于移动互联网，学生可以在任何空闲时间随时开启学习，同时还可以实时地通过网络与教师、同学讨论。其二，通过互联网，学生可以轻松获得更多的知识，不再局限于传统教育中固定的知识点。其三，学习方式的升级。通过互联网及智能设备的配合，可以从单一的书本读写延伸至虚拟空间，将传统的不可能在眼前实现。

虽然互联网为教育带来了无限的发展和可能，但同时也带来了一些问题。

第一，互联网的过度开放。教育的本质是育人，但是现阶段的"互联网＋"教育都忽略了"育人"的过程，变成单纯的知识灌输。传统教育中师生面对面交流，教师除了知识的传授，还可以对学生进行多方面的素质培养，而通过互联网，师生虽然也可以实现即时的沟通，但更多的仅是知识上的交流与解惑，缺乏了其他方面的教导。

第二，大量碎片化的知识，缺少深入理解。互联网的优势是可以利用大量碎片化的时间来学习，但同时也带来了比较严重的问题，就是学生学习了大量碎片化的知识，但缺乏传统教育的系统性和深入性，无法将学习到的知识形成自己的知识图谱。

二、互联网教学的要求

（一）互联网教学对学生培养的要求

高校教学以培养优秀专业的人才为目标，致力于全面提升我国教育水平，推动国家建设事业的长久稳定发展。在"互联网＋教育"背景下，高校教学的改革应该着眼于未来，重点从对学生信息技能、网络素养的培养入手，优化学科教育内容，丰富学生的知识储备，提高学生的信息化应用水平与综合素养。

1.培养学生的注意力与信息力

培养学生的信息素养，是当下高校教育的任务和目标之一，也是迎合"互联网＋教育"模式、实现高校教学改革与优化的必然之选。互联网带来了海量的信息与便捷的资源获取方式，为高校学生实现自我学习提供了可能。而海量信息的存在，也形成了信息冲击，对学生信息的搜寻、获取、鉴别、利用能力等提出了较高的要求。在高校教学发展的过程中，将学生的注意力、信息力等能力的培养融入其中，可以使学生迅速适应网络时代的变化，能够利用各种网络平台来获取信息，提升信息挖掘的能力。

2.提升学生的信息技术水平

在当下教育模式及方法不断变化的背景下，教师需要结合教育环境的变化，加强对学生信息技术素养及能力的培养。无论是软硬件知识的学习，还是操作技能的学习，对学生将来在工作中合理地应用信息技术、提升工作水平等都是大有裨益的。

（二）互联网教学对高校教师的要求

"互联网＋教育"的出现，不仅对高校教学产生了深远影响，使高校教学在教学目标、教学内容、教学方式等方面都呈现出了新的特点，也带来了不同专业学生学习模式的颠覆创新，更对不同专业的高校教师形成了挑战。"互联网＋教育"强调对学生教育主体地位的充分尊重，强调师生之间实现"合作学习"，但这并不意味着高校教师的教育任务减轻，相反，这意味着高校教师理应实现教学思维的转变及教学能力的提升。转变教学思维，才能适应网络快速发展所带来的挑战；提高教学能力，才能在网络背景下实现与学生的共同成长。

教师要善于应用互联网搜集和获取教学相关的知识资料，扩充知识储备，实现师生顺畅沟通。高校教师应该成为网络的用户，利用网络获取信息便利的优势，及时通过互联网来搜集整理教学领域的最新文献资料。教师是学生的榜样，是学生敬仰、模仿的对象。因此，教师要以身作则，用自身实际行动践行终身学习的理念，始终保持对新事物的热情，始终投身到学科专业的建设中，成为学生的表率，在潜移默化中对学生产生积极影响。

教师要善于学习新技术，通过对信息技术的合理利用，实现与学生的积极沟通，创新课堂教学的形式。无论是使用网络制作课件，还是制作完成微课视频，或是运用多媒体设备来为课堂注入活力，都是教师在教学方面的有益尝试，也是教师适应"互联网＋教育"时代的新要求。教学的改革与教学信息技术的发展也是息息相关的。教师应关注新技术、学习新技术、尝试新技术，了解最新的信息技术资讯，将先进的思想与技术融入教学的学科建设及课堂教学之中，使教学不断创新与发展，也能够有效激发起学生创新的主动性，实现理想的教育目标。

三、互联网教学的改革趋势

随着科学技术的不断进步，随着人工智能时代的开启，互联网技术在教育领域的应用变得更加有必要，应用场景也更加全面。根据李克强总理的政府工作报告以及指导意见的内容来看，未来将会真正全面实现互联网与高校教育的融合发展。

第一，全面改良教学模式。"互联网＋"教育的模式不是单纯地将线下搬到线上，而是将互联网的思维模式融入传统的课程来教学。高校教学不应该是由教师进行单向的灌输性的教育，而是可以结合网络技术手段、智能终端设备等将课程变得生动有趣，带领学生进行互动式、体验式学习。同时，在课外依托移动互联网技术，师生可以继续进行互动，利用碎片化的时间去完成指定的"任务"来获取衍生的知识。

第二，学生通过网络进行预习及课外延伸学习。传统教学中，高校学生只能通过看书来完成预习，缺乏重点知识引导和关注，这会导致虽然有些人用了更多的时间去预习，但是上课时也不一定能更好地接受新知识。通过互联网，教师可以将预习的过程变成游戏化的任务，学生可以根据预先的几个问题点来预习，之后通过移动设备来解答问题，完成任务来获得相应的积分奖励。同理，在课后教师也可以通过类似的方式引导学生进行深入或延伸学习，也可以通过积分榜的形式来激励和刺激学生的积极性。

第三，制订网络课程统一标准。由于缺乏统一标准和监管，目前互联网上的教学资源参差不齐。秉承着教育第一的理念，各高校可以与监管部门合作，对网络课程进行评估。

　　第四，人工智能及大数据的应用。通过"互联网+"教育的大数据信息，结合人工智能，我们可以对所有的学生进行分析和分类，可以针对每一位学生推荐不同的学习内容及课程组合，从而实现个性化教育理念。

　　第五，"互联网+教育"需要政府、高校、师生、互联网企业等多元主体的共同参与。政府应加强顶层设计，对高校教育在"互联网+背景"下的融合发展形成引导；完善"互联网+教育"方面的法律法规，尤其是要明确网络主体的权利义务等，实现对网络的高效管理，以避免网络中各类负面信息对高校大学生形成不利的影响。高校要加强基础设施建设，引进先进的多媒体教学设备，搭建线上教育教学平台，确保师生网络教育学习的顺利展开，为高校教育的优化提供物质、精神方面的强力支持。在"互联网+教育"背景下，教师应充分利用先进的信息技术来营造学习情境、提供课程资源、激发学生的探究兴趣；学生则在教师的指引下，自主安排学习计划，对教师提供的资料等进行深度的加工与整合，使之内化成为自身知识体系的一部分。企业加入"互联网+教育"背景下的高校教育事业，也为教育教学的深入推进提供了新的契机。

第三章　大学生应该掌握的法律知识

法律与每个人的生活息息相关，大学生作为社会主义建设的接班人应当具备基础的法律知识，了解我国的法律体系及其历史变迁，树立正确的法律意识，理解社会主义法律体系的优越性。

第一节　法律基础知识

一、"法律"一词的来源

中国的法律制度虽是 20 世纪以来遵循西方模板的改革成果，但在译介法学术语之时，亦结合了本国传统。"法律"一词的构建就是典型案例。

1. 我国古代的"法律"

汉字作为承载中华民族文化的特殊符号体系，以象形（或称为表意）文字为基础真实地保存着先民的活动印记。在汉语词汇史上，早在春秋战国时代，"法律"一词便已形成，然其具体内涵与现代释义尚有不同。在词源意义上，"法律"有着传统的渊源。在中国古代，"法"与"律"是单独的名词，亦有着各自不同的含义。"法"字的最早使用形式为"灋"，其意义为"刑也，平之如水，从水；廌所以触不直者去之，从去，会意"。此种表述中，"法"被视为刑事惩罚手段，而背后所倚仗的审判力量是神判，与政治权力并无直接联系。相比之下，"律"字的起源并非与社会规范直接相关，而是以"律，均布也"的意蕴，抽象地表达出"律"对于公平的诉求。在战国时期，秦国以"律"代"法"，将"律"作为官方颁布的刑事规则的名称之后，"律"就成为政治权威制定的强制性刑事规范的简称。

秦国改革后，法律实现了从神的意志转向现实层面的发展，其不再是神的旨意，而具有了一定的社会功能，不仅作为统治者维护国家秩序的工具，亦为人民的生活提供了规范。秦以后的立法，均以"律"为基本名称，在使用上"律"与"法"经常互换通用，进而形成了"法律"一词。在历史典籍与通俗读物中，"二世然高之言，乃更为法律""战具不修，军无法律"等语句说明，"法律"一词已经成为法令与法规的泛指方式。

在古汉语中，"法律"的概念渐次定型：强制性与惩罚性的刑事规则；政权权威所主导制定的规则；对民众具有普遍性的适用效力；为统治者服务的规则体系；具有强制力、刑事效力与治民工具等隐性含义。

2. 关于"法律"的翻译

在英汉词汇的互译中，以"law"来指代"法律"，这种互译方式最早可见于在华传教士群体对于西方社会的描述文字中。传教士艾儒略于 1623 年所著的《职外方纪》中，有文字曰："欧逻巴诸国赋税不过十分之一。民皆自输，无征比催科之法。词讼极简。小事里中有德者自与和解；大事乃闻官府。官府听断不以己意裁决，所凭法律条例，皆从前格物穷理之王所立，至详至当。"艾儒略以美化的方式，将欧洲法律描述为具备历史传统的理性裁判规则，尽管未明言"法律"的外语原文，但却就此开启了传教士群体以"法律"互译"law"的普遍做法。

在传教士马礼逊于 1815 年所出版的《华英字典》中，"法律"与"law"进行了正式的互译。在马礼逊的释义中，"法律"被译为"the laws; a law"，而"law"的英文意义可以阐释为"to which penalties annexed, or a rule of action"，中文的对应翻译则是"法、法律、法度"。在翻译过程中，英文的基本释义已经超越了中国传统刑事规则的范畴，"rule of action"的意指将非刑事规则的其他社会规则也纳入"法律"的概念范畴中。在后续的翻译中，马礼逊在将"law"翻译为"法律"的附加解释中，为"law"附加了"it is a good law"的意指。"法律"应当是善法，"恶法非法"的西方式论述正式杂糅入近代的"法律"术语当中。

马礼逊的翻译方式在近代中西法律交往的时期得到了推广，自此之后，以英文中的"law"互译中文的"法律"成为定例。但在互译的过程中，传统的中国法律概念范畴被扩大，"法律"应当包含刑事规则与普通行为规则的西方式意蕴解读已然附着其上，而"法律"应当是"good law"（善法）的道德属性要求亦随之推广。

对"法律"一词本身的含义，波斯纳曾这样陈述道："法律"是什么？斗胆说来这个问题实际上没意义。"法律"是一个词，与"宗教""时间""政治""民主"和"美"都一样，都是可以使用的，不会造成严重的理解问题，但又是不能界定的，除非你理解了定义的目的。由于不同陈述中"法律"的所指是不相同的，"法律"的含义也各不相同，所以讨论"法律"一词本身的含义并没有意义。

3. 近代"法律"的变迁

近代传教士的术语互译，尽管在翻译路径上开风气之先，但对于尚处于传统体制的中国而言，其影响极其有限。当中国于 20 世纪正式开启近代法律改革之时，因为师法日本的缘故，法学术语引入媒介，已经从英文转变为日文，日译法律教材中"法律"的意蕴，对近代以来"法律"术语的概念形塑产生了决定性影响。

在日译文本的诠释中，法律一词被描述为"国家主权所定百姓行为章程""所谓法律者，国家的命令，而有形式的意义，经过帝国议会之协赞，天皇之裁可者……强制臣民之意""法律者，所以定国家及私人之行为范围者也"。在此类释义中，除了强制性这一中国古代已有的意涵之外，亦包含了马礼逊在英汉互译中添加的社会规则意指，但最值得注意的是，立法的主体被明确为"国家"，立法的权威来源于"主权"，立法的程序为"议会的批准"，立法的效力不仅延及"国家"，也覆盖到了"私人"范畴。

此种释义下，"法律"概念的内涵和外延经历了彻头彻尾的重建。相对于传统认知中"法律"是掌权者所制定的强制性刑事规范的理念，日译文本的阐释已经将"法律"置换到了完全不同的语境中，近代意义上的"法律"已经是"主权国家"方才有权制定颁布，需要经过"议会"等立法机关进行授权批准，不仅作用于公权力意义上的"国家"，也覆盖私权力意义上的"私人"生活的普遍性社会规则。

日译文本所折射出的，实际是日本在明治维新后仿照西方的近代民族国家样板所制定出的法律制度框架。在近代民族国家的基本构建理论中，因为破除了基于宗教或血缘的统治者的超然地位，国民在理论上应当享有同等的权利义务，从而使法律超越了原先的统治者颁布的刑事性规则的范畴，成为确立国家与公民之间的权利义务关系的基本规则，也必然覆盖到过往少有涉及的私人空间。在立法模式上，以民众意志为基础的立法机关，方能成为主权行使者，而传统的神权与君主立法模式也就此被取而代之。

"法律"一词的日文释义，所带来的不仅是技术上的转变，更在法律观念、权力主体、国家模式、立法程序、法律管辖范围上对传统模式进行了颠覆，就此奠定了近代以来中国人对"法律"概念的认知。自此，法律的近代化改革历程大抵已经完成，究其历史概念之转型，可谓在"法律"这一术语于近代译介的过程中就已经大抵实现。"法律"概念的转型所带来的问题是，在传统、西方与近代意义上，"法律"的意蕴指向完全不同，势必会影响到法学教育中的概念传播。

严格意义上（狭义）的"法律"仅指立法机关制定的规范性文件，而一般意义上（广义）使用的法律则泛指法的一切外部表现形式包括习惯法、判例法等。在我国，狭义的法律是指全国人大及其常委会制定的规范性文件，即特定的或具体意义上的法律；而广义上的法律是指一切规范性文件的总称，即整体或抽象意义上的法律，包括宪法、法律、行政法规、地方性法规等。

4."法律"概念的分析

"法律"释义的近代转型带来了法律运行机制与社会角色的巨大转变。近代的"法律"是国家的基本社会规则与权力行使机制，传统的"法律"是维护帝王专制、恫吓民众的刑事惩罚规则。此种意蕴上的重大转变，对于近代以来新型社会制度与规则的构建具有直接性指引功能，但对于法学的教育与传播来说，概念的颠覆带来了认知上的混淆与冲突。

"法律"在概念释义上的转变，折射出了制度的重构。在现行的法规中，立法的权力来源、程序机制、行使方式与覆盖范畴已经摆脱了传统体制而不复疑义。但在观念意义上，传统认知中的"法律"是刑事规则与专断性权威，这种刻板印象带来了多层面的认知障碍：首先，在社会心理中，认为"法律"为专制工具的传统认知可谓根深蒂固，对于未经法学教育的大众，"法律"意味着命令与专断、义务与惩罚；其次，在法学教育中，对于"法律"的概念变迁缺乏历史性的梳理归纳，传统与近现代意义上的"法律"概念并未得到恰当区分，针对"法律"的阐释在未充分考虑历史语境与概念意指的情境下，极有可能给人们带来认知与理念上的混淆。

当下"法律"已然成为公共生活的主要规则，专业性的"法律"实践已经依照近现代的"法律"释义而进行，民众对于"法律"的不解与困惑，在很大程度上是因为法学教育过程中，一系列近现代术语概念未能得到及时梳理与厘清。在推进社会主义法治的工作中，让大众理解并接受现代法律是基本要务，完成此任务不仅需要对数量庞大的民众进行法学知识的教育，更需厘清、整理术语背后所蕴含的社会愿景与承载环境之殊异，才能让原本表意含混的术语展现出现代化意蕴，进而使人们洞悉现代法治的基本要义。

人们所认知的社会现象，很可能只是凭借幻想对于话语的回顾性聚合。对于"法律"概念，因认知主体的知识理念结构之殊异，对同一性概念的理解也会产生较大差别。当下对法学术语的研究，在技术关怀之外，还有必要认识到，当下中国法治建设中的问题，不尽是体系内部的实践问题。在传统社会向近现代社会的转变过程中，传统的"法律"体系在制度上被整体抛弃，而在系统性地接纳了近现代"法律"制度之后，原生性的法律术语被逐渐改造成为现代"法律"制度中的一分子。但在这种改造的过程中，本土术语与外来术语的内在矛盾与冲突，有可能带来认知上的模糊，进而带来行为上的盲目与不确定性，造成普通民众无法根据传统与文化的惯性正确认知运作中的现代法规体系，从而影响整个法律体系的有效运行。因此，在法律教育中，重新梳理历史、厘清概念，对于传统与近现代所通用的术语进行重新整合，并以此为突破口对于法律知识的教育方式进行改革，对于法学教育以及社会主义法治社会的建设，应能起到事半功倍的成效。

二、法律体系的产生条件

法律是一种久远的人类现象，世界各大文明在其发展早期先后产生了法律，但法律体系则是一个相对出现较晚的现象。有关中国古代法律体系的整体面貌及其概括，学界存在不小的分歧。日本学者曾以"律令法系"概括中国古代的法律体系，一度在中国法律史学界广为流传。中国古代法律体系究竟是一种什么样的体系？其中是否存在"判例""判例法""民间法"？是成文法体系，还是混合法体系？这些问题一直以来困扰着法史学界，有待进一步的论证和解答。就西方而论，法律体系是随着国家产生、法学成熟、法律实践发达而产生的。在这几个因素的共同作用下，现代意义的法律体系在 19 世纪最终得以形成。

（一）近代主权国家的产生

近代国家从 15 世纪起开始缓慢而零散地出现，表现出与古希腊、古罗马和中世纪国家的区别，英国、法国等国家率先形成主权国家，而 19 世纪形成的世界秩序就是建立在主权国家体制基础上的。近代国家的特征在于：国家实施主权；国家机构是公认的公共机构，国家在社会中负责制定和实施集体决策，行使立法权、执法权和司法权；国家主张并运用合法性，其决定被认为是对公民的约束；国家是一种统治工具，它拥有能确保其法律得到遵守、违法者受到惩罚的强制力量；国家是一个领土性的联合体，在国际政治中被当作一个自治实体来对待。国家控制着确定的领域，在该领域内享有最高统治权，其中包括对立法权的垄断，并以此来实现和平。其他社会规范如道德、宗教、习惯等在调整社会关系上也有一定作用，但法律主张合法权威。法律主张合法权威，不仅要求法律规则是行为的理由，还要求法律规则是否定不服从理由的排他性理由。这在表面上涉及法律相对其他社会规范的排他性优势地位，防止各种社会规范之间的冲突，实质上是主张国家（国家机构）享有超越其他所有社会联合体和集团之上的优越地位，避免不同政治与社会力量之间的冲突使社会陷于无休止的冲突之中。英国法律哲学家奥斯丁提出"法律是主权者的命令"这一命题，实际上代表了一种政治和法律的主张：只有国家才享有立法的权力；其他社会规范都不能被称为名副其实的"法律"。如果在同一地域范围内存在多种并行并列的社会规范系统，它们之间的冲突以及它们背后的政治与社会力量之间的冲突，将危及社会秩序。

目前学术界通行的观点是，清末新政是中国近代国家形成的开端。在此次改革中，国家的基层社会治安实践主体开始由传统的衙役阶层向近代意义的警察过渡。这一历史演进过程，不仅是近代法制文化在中国传播与实践的过程，更是中国近代国家形成的重要缩影。中国历史学家瞿同祖在讨论清代地方政府时，曾将中国传统社会的地方基层行政体制以"一人政府"加以概括。诚然，在高度中央集权统治下的传统中国，一方面，中央对地方权力采取高度控制，地方行政单位（如州、县政府）处于更高阶层上司的严密监视下，对辖区内的诸多重大事项（如属官的任免、死刑、税额的变动等）无权做出最终的决策；另一方面，地方政府内部同样是高度集权的，地方行政职能中最重要的税收和司法被牢牢地把持在州县官一人手中，其下属的佐贰官，如州同、州判、县丞、主簿等的权力并不突出。地方政府这种既被严格监控而又高度集中于州县官一人之手的职权特征，是中国传统中央集权社会皇权独尊、企盼实现"唯以一人治天下"的必然结果。在这种职权规范下，地方政府有效地充当了中央集权政府在地方上的代理与缩影。及至清末新政时期，民权思想兴起，司法独立的概念亦渐为有识之士所倡导。传统集权制下"一人政府"的行政格局日益松动，要求将以警察为代表的司法权与旧有行政权系统分离的呼声也越来越高。清政府为了缓和国内矛盾，不得不做出"顺应民意"的姿态，对原有政治制度进行一系列的改进。

主张法律的权威地位，要考虑以下两方面的问题：一是正确认识"法律多元"的问题。"法律多元"概念是社会意义上的而不是法律意义上的，应从社会学角度来探讨，而不应从法律或法律体系来研究。一国法律体系一定存在成员资格的判断标准，将法律与非法律的社会规范区别开来。只有这样，我们才能确定哪些社会规范是法律，享有权威地位。法律（或法律规范）具有法律效力，对法官有法律上的约束力，在其可适用的案件中，法官不得随意拒绝适用。二是正确对待法官的自由裁量权的问题。法律在一定程度上允许个人偏离有约束力的法律要求。法律中规定了一些自由裁量的情形，使非法律的理由在法律决定（行政决定和司法判决）中得到考虑。然而，法律对这些非法律因素的承认是有限的，要受到严格规制。

（二）法学的成熟

法律体系是一种制度事实，也是观念的产物，是根据法学观念对法律进行体系化构造的结果。法律体系的形成与发展在最终意义上取决于社会的物质生活条件，但受到法学发展的直接影响和推动。法学对法律"体系性"的认识包括宏观、中观和微观三个层次。

在宏观层面上，法学对法律的分类是使法律体系完备的前提条件。罗马法学家提出了公法和私法的划分；经过了漫长的历史发展，到19世纪，对公法与私法的研究达到科学的程度；到20世纪初，社会法门类兴起。公法、私法和社会法三个法律门类各有分工又彼此联系，构成一个有机整体。

在中观层面上，对主要法律部门的研究更加精深，宪法学、民法学、刑法学等部门法学到19世纪先后臻于成熟。法学在中观层面上的作用表现在两个方面：一是法学指导各部门法的立法，法学的发达直接促进了19世纪立法的迅猛发展。19世纪欧洲和拉丁美洲出现的许多法典，都是由法学家依据其前辈学者的著作起草的，以致民法法系国家的法律被称为"法学家法"。德国法学家萨维尼认为："一部成功的法典需要一套详尽完备的学说框架，只有通过法学（学术性的文化）和成熟的法学技术，德国才有能力编纂详尽完备的法典。要使民法典成为内容完备的法典，就必须要有完善的学术。"19世纪德国学说汇纂学将民法学推进到前所未有的水平，为《德国民法典》的成功编纂奠定了基础。二是部门法教义学以教义学的立场和方法来研究部门法，认识事物的一般特征和状态，并用教义来表述这类关系；将教义构造成相互关联的整体，形成体系。在《法国民法典》和《德国民法典》制定完成之后，解释民法典、将民法典内的法律规范展现为一个体系，被认为是民法学的任务。

在微观层面上则体现为法学对法律规范和法律概念的研究。法律规范和法律概念是法律体系的微观构成要素，法学达致法律科学的重要标志是对这两者的精深分析。德国学说汇纂学试图构建公理的、封闭的、无漏洞的概念体系，实现法学的科学性，同时使法官的法律发现工作符合正确涵摄的逻辑工作要求，通过法（权利）概念的体系化来达到法的正当化，实现法的安定性和公正性。法律实证主义的代表人物凯尔森在法理学层面从静态和动态两个方面做出了构建法律体系的努力。在静态方面，法学的研究对象是法律作为有效力的规范构成的体系，即静态的法律。在动态方面，法学研究的是法律在其中被创造和被适用的过程，即动态的法律。在法律的动态方面，上级规范与下级规范之间存在的动态授权关系，将一国所有法律规范联结为一个整体，构成一个法律体系。凯尔森对法律概念的分析以及对法律规范和法律体系的结构分析，分别构成了纯粹法学的静态法学和动态法学两个部分。其法律概念分析和法律体系结构分析，为中观层面和宏观层面的法律体系观念提供了条件，为确立法律体系的观念、分析法律体系的结构做出了重要贡献，也有助于法学承担并完成其任务：描述法律规范；描述由规范决定的事实之间的规范构成关系。牛津大学法哲学教授拉兹在法律"体系性"方面的分析角度有所不同，是在先前法学家所确立的"法律体系"观念基础上做出的新探索，使法律（法律规范）的个别化、对单个法律（法律规范）之间关系的分析更加精细。

法学在法律的体系性和体系化方面的研究，除了上述形式性进路以外，还有另一种研究进路，即17—18世纪的理性主义自然法学说。理性主义的自然法（理性法）学说发展的一个总趋势是"将自然法从亚里士多德主义和托马斯主义的自然概念中解脱出来"，即"自然法的去神学化"。这个时期，新自然科学的哲学家发展了一种新自然概念，而自然法哲学家的任务就是使自然法与新的自然和人性的科学概念一致起来，也就是说，在认识论上，他们把自然法理论与上帝的观念剥离开来，在客观的人类理性中寻找其理论的渊源。他们相信：人类不再是事先被规划好的、依据神的形象被永恒规定的生物，而是一种自然生物，被视为"自然法则所掌握之世界的一个要素"；个人有"理性发现正义规则的能力"，可以找到"一种与理性本身统一可靠的、自然法的观念"，找到"远离偶然性"而根植于自然的"理性秩序之中的正义"，并将自然法则扩张到社会、法律和国家的自然性质的考察上，期望"社会世界的自然法则"具有"如同数学推论那样的、不可变更的确定性"，具有像自然法则之逻辑脉络所造就的物理世界体系一样的"社会封闭体系"，进而将实证法带上"一条精确性的道路"。它从源于人类理性的自然法公理中推演出社会规范，期望调整社会世界的规范具有如同数学推论那样的、不可变更的确定性。这一规范体系被当成实证法的模板，将实证法带上一条精确的道路。

这一进路的巅峰就是沃尔夫理论体系。德国理性自然法学者沃尔夫坚持一种绝对的、理性主义建构的自然法，即倾向于（欧几里得）数学方法，力图将数理逻辑或几何学方式转化为一种封闭的、公理演绎的自然法体系，强调所有的自然法规则都应该按照无漏洞的演绎方式、从较高的公理到最小的细节的条款推导出来。在这一法律公理体系中，行为规范之所以具有有效性，依靠的是这些规范的内容，它们的内容具有一种保证它们效力的直接明显的特征。同时，这个体系还有另一种特点，那就是特殊是从一般中推导而来的，整个规范体系都是从某个可以作为整个道德体系依据的基础规范中演绎而来的。整个具有公理性的规范体系由一个价值或价值体系融贯起来。

19 世纪德国民法（学说汇纂体系）的构建也得益于沃尔夫的学说，他们在其学说汇纂学著作中通过将个别法律概念和法律规则连在一起所展现的法律内在关联，阐释和说明体系性方法的本质和法的内在体系的价值和形态。尽管德国学说汇纂学遭到耶林等人的批判、被斥为"概念法学"，包括"概念法学"在内的各种法律形式主义遭到自由法学、利益法学、现实主义法学和社会学法学的批判，但是，它们"都是在对概念法学的讨论、反思或批判中成长和发展起来的，对'概念法学'的反思和批判正好促成了德国法学方法论逐渐成为显学，使德国越来越成为一个'法学方法论的国度'"。从历史角度来看，没有理性主义自然法学说、概念法学、纯粹法学等后来被批判为"机械""僵化""极端"的法学对法律概念、法律规范和法律体系的认识，法律就不可能被认识成一个体系、被塑造成一个体系，就不可能产生现代各国的法律体系。

（三）法律实践的发达

从广义来讲，法律实践包括立法、执法、司法、守法和法律监督等实践活动。在民法法系国家，近代法学在宏观、中观和微观层面上绘就的法律体系蓝图，借助于立法机关之手变成了国家的法律体系。当然，在社会现实中出现的各种法律也为法学研究提供了思考材料。法学与立法之间并不是单向的关系，而是一种双向互动的关系。

除立法以外，司法对法律体系的形成与塑造也极为重要。由于现代法在体系上的庞大性与复杂性，享有立法权的国家机关创制的不同法律渊源必然存在违背体系性要求之处。在此情况下，法官应秉持法律体系的观念，将法律看成一个体系，并借助法律解释、法律推理和法律论证等方法，将法律塑造或建构成一个整体或体系。

法官在塑造或构建法律体系方面的作用体现在以下几个方面：一是填补法律漏洞。"凡法律必有漏洞"，但"法官不得以法律没有规定而拒绝裁判"，此时，法官在填补法律漏洞、为个案提供裁判规则方面必然发挥重要作用。如果立法计划具有决定性的意义，那么漏洞认定与补充就旨在进行法律补充。对漏洞的认定表明法院的功能从法律适用向法官造法的转变。在这种情况下，法院通过自己造法从立法的助手转变为法律的主人。二是解决法律体系内部规则之间的冲突。法律规则冲突现象的存在必然违背法律作为一个体系的要求，使生活在法律之下的人们无所适从，甚至会破坏社会生活的安定性。在司法活动中，法官借助法律解释规则解决规则之间的冲突，是将法律建构成体系的重要平台。三是完成法律制度与法律规则之间的价值协调与融贯。在疑难案件中，法官通过对法律的阐释将一国法律材料理解成一个整体，将针对个案所建构的最佳解释用于当下案件。法官既为个案做出裁判，也为制定法律规则的解释与适用提供了范例，为其后相似疑难案件提供了可资借鉴的裁判方案。

三、法律体系与道德的关系

习近平总书记曾在讲话中提出，"法安天下，德润人心"这一观点。这无疑是向广大人民群众阐释了，在新的历史条件下要正确地处理好法律与道德的关系，把依法治国基本方略、依法执政基本方式落实好，把法治中国建设好，必须坚持依法治国和以德治国相结合，使法治和德治在国家治理中相互补充、相互促进。法律是准绳，任何时候都必须遵循；道德是基石，任何时候都不可忽视。法律要发挥作用，首先全社会要信仰法律；道德要得到遵守，必须提高全体人民的道德素质，深入实施公民道德建设工程，深化群众性精神文明创建活动，引导广大人民群众自觉践行社会主义核心价值观，争做社会主义道德的示范者、良好风尚的维护者。弘扬社会主义核心价值观是发挥道德的基石作用，诠释、深化道德内涵的重中之重。

自古至今以来法与道德的关系就是密不可分的，二者相辅相成、相得益彰。在中国古代，道德是最高的"法则"，而法还是蕴含在道德之中、被道德内化了的不成文的传统礼数。而到了中国近现代，受西方思想冲击，法律逐渐处于突出地位，与道德在一定程度上同步发展，成为最低限度的道德。而现代的中国正处于并将长期处于社会主义初级阶段，不仅要发挥法律的规范作用，更不弃道德的教化作用，二者共同发力为社会主义法治事业贡献力量。

（一）法律的体系性

本书关于"法律的体系性"限定在实在法的范围内。从历史角度看，在19世纪分析实证主义法学产生以前，"法"或"法律"的指代对象是多样的，包括自然法、实在法、神法、习惯等规范，思想家也曾试图将不同类型的"法"整合成体系。例如，在中世纪哲学家、神学家托马斯·阿奎那看来，在人的身上可以发现一个三重性的秩序：由理性的统治所产生的"自然的秩序"；人的一切行动和经验遵从神法准则而形成的"神的秩序";由人法调整人与其同伴们的行为而形成"政治秩序"。他将这三种秩序都整合起来,统一在永恒法之下。在他那里,我们看到了中世纪欧洲多种"法"并存的格局,看到了他将各种"法"整合起来的努力,也看到了他将各种"法"加以协调与整合的体系化方案。这种体系化既是求知的需要,也是构成安宁的秩序的需要。19 世纪之后,自然法理想在美国、法国等国家实在化为宪法(或宪法性法律)和法律,国家实在法才是名副其实的法律。这不只是法学家的理论主张,还是普遍的社会意识。实在法所专享的排他性权威地位是 19 世纪西方法治从理想变成社会现实的前提条件;没有具有权威地位的实在法体系,法治秩序就不可能形成。当然,在民法法系国家,法律体系是由国家制定法等法律渊源所包含的法律规范组成的;在普通法系国家,法律体系是由议会制定法、判例法等法律渊源所包含的法律规范构成的。无论是制定法还是判例法,其法律上的效力都来源于国家,取决于其社会渊源,即"什么是法律或不是法律"是社会事实问题,而不是道德评价或道德判断的问题。

一国实在法要成为一个法律体系,必须符合体系性要求。法律的"体系性"主要包含以下几个要件。

第一,体系上的整体性。法律要具备整体性才能构成法律体系。要存在将法律规范与其他社会规范区别开来的明确判准,法律与非法律的社会规范之间要存在明确的区分,法律才得以从更广泛的社会环境中被识别出来。法律实证主义主张法律是人定的,法律是一种社会现实,是"法律体系"概念的题中之义。依此,自然法不是人定的,不是严格意义的法律。而人定法,在中世纪的欧洲,包括封建法、庄园法、商法、城市法、王室法等,它们的渊源多元化。在 19 世纪的欧洲,国家垄断了创法的权力,法律产生于国家的统治权力,法律的判准存在于国家与法律的紧密关系之中。国家不仅是法律的渊源,同时又是法律的产物。国家和国家法并不是两类不同事物,而是一种或同种处于不同视角下的事物。在世界各国进入现代国家体制以后,"法律体系"一词中所指的"法律"只能出自主权国家的创法机构。

第二,体系上的完备性。法律要具备体系上的完备性才能构成法律体系。以民法法系为例,法律的完备性是指部门法的完备性,以及每个部门法内法律制度与法律规范的完备性。法律对需要由其调整的社会关系都有规定。最理想的状况是,法律成为一张由法律规范织就的"无缝之网"。当然,根据现代法的观念,凡法律必有漏洞。即便如此,一国法律要想成为法律体系,也需要整体上具有相对完备性。就民法法系而论,公法、私法和社会法等基本门类,以及法律部门、子部门和主要的法律制度，应该建立健全起来。这既需要有科学而理性的立法，也需要有科学的法律分类。没有科学的法律分类，就不会有科学而理性的立法，也不会有法律体系。另一方面，法律分类不仅有助于指导立法，而且还有助于对法律材料进行形式上的划分（例如，拥有各自部分领域的公法、私法、民法、刑法等）。此时，法律被称为"外部的、形式的秩序体系"。

第三，体系内规范的逻辑一致性和价值融贯性。作为法律构成单位的法律规范符合逻辑一致性和价值融贯性的要求，彼此之间在功能上相互支持、价值上相互协调和融贯，从而构成一个体系。逻辑一致性服务于特定的实践目的：为规范社会行为确立起一套规则系统，为人类活动找到一个有意义的方向。如果一个人经常因做了被命令去做的事情而遭受惩罚，就不可能指望他将来能够对命令做出恰当的反应。另一方面，逻辑一致性也对不同国家机构提出了"依法行使权力"的要求。法律规则之间要符合逻辑一致性的要求，既意味着同一机构所创制的法律规则要不相冲突，也意味着不同机构创制的法律规则要不相冲突。官方行动与公布的规则之间保持一致，特别法（尤其是法律指令）应受到公开、稳定、明确和一般规则的指导，行政决定和司法判决的制作要遵守一般法律。就价值融贯性而论，这是为了使法律体系内部的各个部分共同服务于法律的价值或价值体系。在这里，法律的各个部分可以是法律制度也可以是法律部门，它们在价值上符合融贯性要求。这样，法律就组成了一个按照人们追求的、协调的价值结构所形成的法律规范内部秩序。我们可以将整个法律秩序理解并解释为内部无矛盾的统一体或"意义整体"。这被称为法律的"内部体系"。在这种意义上，法律体系既是规则体系也是价值体系，两者的有机融合使法律在形式上和实质上被整合为内部紧密联系的整体，堪称"法律体系"。

法律满足体系性要求，就成为法律体系；否则，就不能被称为"法律体系"。体系性是法律体系的特征，但不是法律的特征。法律具备以下几项基本特征：为主体提供行为标准；以国家政权意志形式存在；作为司法机关办案的主要依据；具有普遍、明确和肯定等性质；以权利和义务为主体内容。这些特征足以将法律与其他社会规范区别开来，不需也不应将体系性当成法律的定义性要求。实际上，不满足体系性要求、不具有体系性的法律在历史上曾经存在过，当代也许在某些国家仍然存在。例如，12世纪的欧洲存在多种世俗法，包括封建法、庄园法、商法、城市法、王室法，它们在各自的地域或领域内产生效力，但不能说凡是在有法律的地方就形成了严格意义上的法律体系。美国法学家伯尔曼在《法律与革命》一书中采用了"教会法律体系""世俗法律体系"的概念。他认为，11世纪，教会法在其管辖范围内渐成体系，具有法律体系的特征。在世俗法内部，形成了封建法体系、王室法体系等，但是，封建法、庄园法、城市法、商法等并没有构成一个有机整体，它们彼此之间也不存在协调统一的关系。该时期的"法律多元"局面是统一的政治秩序和社会秩序尚未形成的表现。教会法与世俗法之间、世俗法的不同法律之间的冲突引起并激化了政治和社会冲突，破坏了社会秩序。在现代国家产生之前，统一的法律体系无法产生。

法律不成体系的第二种情况是法律在相当大程度上不符合体系完备性、规范的逻辑一致性和价值融贯性的要求。以古罗马的法律为例，至少可以认为罗马早期法律不满足这一要求，没有成为法律体系。在中世纪的英国，其普通法在12—13世纪已经产生，却是在其后的几百年里不断发展而渐成体系的。在法国，1789年资产阶级革命推翻了君主专制。1791年宪法标志着资产阶级共和国的成立和共和国法律的产生，但其法律体系只能是在其他几部法典制定之后才形成的。一国法律向体系完备性、逻辑一致性和价值融贯性发展的过程就是该国法律的体系化过程，法律在经过体系化从而具备体系性之后才形成法律体系。

（二）我国传统的法律体系与道德关系

在我国传统文化中，法律与道德并没有明显的界限，二者总是紧密地联系在一起，有着深厚的渊源。以儒家思想为主的道德观念，更是深刻影响了中国两千多年的历史进程。在中国古代，"德主刑辅"的观念占据着重要的地位，成为传统文化的主流意识。因其内容符合统治阶级的利益，便成为中国几千年来治国理政基本经验的总结。

1. 中国古代的道德与法

在原始社会，礼就已经产生。由于礼主要起源于传统习俗和宗教，所以又被称为"习惯法"。在中华传统文化中，礼治是德与法的完美统一。礼与法、德与刑、"礼乐刑政"，有着内在深层的关联，共同表征着当时的社会价值形态。"诗书义之府也，礼乐德之则也，德义利之本也。"中国古代是实行礼制的社会，礼的思想也渗透到了日用伦常之中，成为自觉的价值追求："非礼勿视，非礼勿听，非礼勿言，非礼勿动。"礼学与仁学相辅相成，是中国古代儒家学说的核心。礼有礼仪及威仪，礼仪即礼，威仪即刑；而仪、刑古为同义字，在《周书·吕刑》中，威仪遂与刑法为一体。

礼很像今天的根本法，它是西周国家一切政治生活规范的根本，是政治、军事、经济、司法、教育、道德等上层建筑领域行动的准则。中国古代宗法社会的基础就是传统的礼文化。西周时期，"先君周公制周礼"，其实质是确立尊卑贵贱的等级秩序和制度，使礼具有了法律的内涵。周王实行"明德慎罚"的政策，刑错四十余年不用，维护了周王朝的统治，史称"成康之治"。春秋战国至秦代，社会动荡不安，战乱频发。法家思想逐渐取代了儒家思想。商鞅定义"法者，国家之权衡也"，通过商鞅变法，实现了秦始皇的专制统治，使秦国成为当时最强大的集权国家，并确定了法治的思想。两汉至魏晋南北朝时期，汉武帝"罢黜百家，独尊儒术"，实现了礼与法的统一，儒家思想正式成为法律的渊源。在魏晋南北朝之后，连年战争不断，儒家思想的政治地位日渐式微，通过在立法上"以礼入法"，使得从汉代开始的礼与法相结合的趋势得到更进一步的发展。到了唐代，"礼法合一"。《唐律疏议》的出现，使礼和法近乎完美地结合。唐太宗认为其立法宗旨为"惩奸禁暴，弘风阐化，安民立政，莫此为先"。从此，"礼法并用"的思想开始不断深入发展。

从以上道德与法律的发展历程可以看出，中国传统的道德与法律的关系，可以概括为以下三个方面。

第一，礼是法的渊源，但礼的范围远大于法。从发展历程来看，中国古代法律来源于军事战争和原始习俗。一方面，"师出以律""兵狱周制"，表明中国最早的古代法以刑为主。另一方面，在原始的祭祀活动中产生的礼尚处于初始阶段，其本质为风俗习惯的提升。随着阶级的发展，礼的内容包括了典章制度、家法族规、民间习俗、道德规范。此时，礼已经具备了法的内涵，但礼的内容包罗万象，范围也远大于法。

第二，礼与法相互制约，并存发展。从夏商到西周，礼逐渐发展到了顶峰时期，西周"先君周公制周礼"，确定了尊贵卑贱的等级制度，标志着礼的系统化与法律化。到了春秋战国，"礼乐崩坏"，商鞅、韩非子倡导的法家思想逐渐取代了儒家倡导的礼治。秦统一六国后，秦始皇"焚书坑儒"，礼开始走向边缘化。两汉时期，汉武帝听取董仲舒的建议，"罢黜百家，独尊儒术"。魏晋时期"礼法结合"，儒家思想正式成为法律的基础。及至唐朝《唐律疏议》完成，礼与法融合并存。

第三，礼与法皆为中国古代阶级统治的工具。中国古代宗法社会的本质是"人治"，礼与法的服务对象，都是统治阶级。礼以德为基础，使人们的行为符合统治阶级的精神；法以政为基础，使人们的行为符合统治阶级的意志。礼与法相互结合，既重视道德的教化作用，又重视法律的规范作用，共同维护统治阶级的根本利益。正如梁启超所言："昔以国家为君主所私有，则君主之意志，即为国家之意志，其立法权专属于君主固宜。"

2. 中国近代的法与道德

晚清时期，经过两次鸦片战争的失败，洋务派以"自强""求富"为口号，提出"师夷长技以制夷""中学为体，西学为用"的指导思想。其中，"中学"指以"三纲八目"，即"明明德、亲民、止于至善；格物、致知、诚意、正心、修身、齐家、治国、平天下"为核心的儒家学说；"西学"指近代传入中国的自然科学和社会科学。洋务派企图通过以孔孟之道为核心的儒家学说作为不可动摇的政治根本，利用西方的先进科技，来维护清朝的封建统治。然而随着甲午战争中北洋海军全军覆没，洋务运动宣告失败。日本逼签《马关条约》，更加速了中国的半殖民地化进程。以康有为、梁启超为代表的维新派，联名上书光绪帝，提出"拒和、迁都、练兵、变法"的主张，力求除旧布新、变法图强。戊戌变法虽然因资产阶级的软弱性而宣告失败，但在之后，变法理论更加深入人心，民主的思潮充分发展并且得到了进一步的传播，越来越多的年轻人出国留学向西方寻求救国的真理。维新派继续倡导的"思想革命""道德革命"更促进了人们观念的转型。戊戌变法实质上是一场具有爱国救亡意义的思想启蒙和政治改革运动，并成为五四新文化运动的前奏。

巴黎和会上中国外交失败，成为五四运动的导火索。以"民主、科学"为代表的西方近代文明同以孔孟之道为代表的中国传统文化产生了激烈的碰撞。先驱者们学习先进的思想和知识，汲取先进的价值观，提出"打倒孔家店"的口号，对封建的伦理和法系进行批判。五四运动成为中国政治法律文化向现代转型的分水岭，倡导"民主、法治、人权"成为一种时尚，并直接影响了中国共产党的诞生和发展。

党的十一届三中全会坚决批判和否定了"两个凡是"的错误方针，实现了思想路线的拨乱反正，做出了把党和国家的工作重点转移到社会主义现代化建设上来和改革开放的战略决策，开始了中国从"以阶级斗争为纲"到"以经济建设为中心"的历史性转变，郑重提出了健全社会主义法治的伟大任务，确立了"有法可依，有法必依，执法必严，违法必究"的社会主义法制建设十六字方针。社会主义法制建设开启了崭新征程。

（三）社会主义法律体系与道德的关系

道德作为一种特殊的社会价值形态，其特殊之处是以善恶评价的方式、通过社会舆论和内在信念（良心）来评判调节，是自我完善的实践精神。这个界定是从规范论到完善论，从纪律约束、工具手段，上升到主体的实践精神、价值意义的层面。这是社会价值的一种特殊形态。

法律也是一种特殊的社会价值形态。法的特殊性表现在它是由国家制定、通过国家的强制力来保障实施的调解权利义务的一种社会规范，通过利益的调整来实现某种社会的目标、社会的价值。法的价值追求有很多，如秩序、效益、自由、平等、人权、正义等，这样密切的结合，其实都是社会上占据主流地位价值形态的一种表达。国家的法律，就是社会主导意识形态、占主导地位的社会价值形态的表达。现代国家和法律的合法性、合伦理性，正是基于正义的。道德与法律有着同样的价值根基和意识结构。

党的十九大报告在谈到坚持全面依法治国时，强调"坚持依法治国和以德治国相结合"，并提出了"提高全民族法治素养和道德素质"的要求，这进一步明确了在全面依法治国的过程中道德建设对法治建设的重要作用。更进一步说明，无论是法律层面的政治文明建设，还是道德层面的精神文明建设，两手都要抓，两手都要硬。法律与道德同属于上层建筑，法外有德，德中有法，现代国家治理是法治与德治的有机统一。法律至高无上、神圣威严，但若治国理政仅靠法治难免过于强制生硬，失去了一个国家应有的人文关怀和精神素养；道德广泛、普遍、亲和、灵活，但若治国理政仅靠德治难免过于宽松随意，失去了一个国家应有的权威和公信力。因此，法治和德治需要共同发力。明法正身、法德并举，是实现政治生态风清气正的重要路径。只有带动整个社会尊法守法、崇德向善，营造良好的社会秩序，才能为和谐社会的建设增砖添瓦，共同服务于建设中国特色社会主义法治道路，推进国家治理体系和治理能力现代化的目标任务。

2019年10月颁发的《新时代公民道德建设实施纲要》指出，要"坚持德法兼治，以道德滋养法治精神，以法治体现道德理念"。"德法兼治"作为习近平新时代中国特色社会主义思想中的重要主张，已经成为当代中国国家治理的鲜明特点和显著优势。习近平德法兼治观作为当代中国坚持依法治国和以德治国相结合的治国理政实践所形成的最新理论成果，与当代中国法治建设中的其他主张紧密相连、相互支撑，一起构成习近平法治思想的重要内容，彰显着丰富的理论内涵、深广的实践关切以及鲜明的价值旨归。习近平德法兼治观的形成受到我国古代礼法合治思想的影响，以马克思、恩格斯道德与法律关系的经典论述作为理论基石，具有深厚的思想基础。习近平总书记有关德法兼治的重要论述在社会规范形式、国家治理手段和公民素质要求三个领域下形成了丰富的理论内涵。习近平的德法兼治观在新时代国家治理现代化进程中发挥着重要作用，构成了习近平法治思想的重要组成部分。习近平德法兼治观所具备的丰富的理论内涵最鲜明地体现在宏观层面的国家治理中、中观层面的社会生活里以及微观层面的公民素质上的道德与法律关系的论述与分析。

其一，对于作为国家治理手段意义的道德与法律关系的阐述。"法安天下，德润人心"，指出法律与道德在国家治理之中的不同效用，即法律之"安"在于法律于国家治理之中所能发挥的广泛作用，能够安邦定国；道德之"润"则在于道德对人们心灵的浸润，映射着人心和世情；"法律和道德相辅相成、法治和德治相得益彰"，提出法律与道德具有必须结合在一起的互补性原则，并构成它们相辅相成、相得益彰之互补机制的学理表达；"坚持德法兼治，以道德滋养法治精神，以法治体现道德理念"，进一步明确二者在治理过程中的功能互补路径，即二者需要互相关照，以形成法治精神的道德补给和道德理念的法治保障相融合的状态。

其二，对于作为社会规范意义的道德与法律之间关系的阐述。在关注道德领域突出问题的专项治理之中，习近平总书记指出"法律是底线的道德"，主要阐明了法律与道德在内容规定上的交叉关系，即二者在底线要求上有所重合，同时"底线"也表示法律意志的不可违背性；"法律是成文的道德，道德是内心的法律"，指出法律与道德在表现形式上的分野，即法律是将含有道德价值的要求上升为国家意志的确定性规范，道德则是出于人们内心所坚守的信念，构成内在的"无形"法则；"法律是准绳，任何时候都必须遵循；道德是基石，任何时候都不能忽视"，指出二者在功能作用上的差异，即现代社会主要以法律作为衡量标准，它是人民所寻求的宽广"保护伞"，即人们是"用法律的准绳去衡量、规范、引导社会生活"的，道德在社会发展过程中起到的则是基础性支撑作用，它构筑着社会治理框架中的"地基"，因而"只有那些合乎道德、具有深厚道德基础的法律才能为更多人所自觉遵行"。

其三，对于法治素养与道德素质的阐述。习近平总书记多次强调"国无德不兴，人无德不立"，以强调道德作为人的基本素质的不可或缺性，这个观点进一步发展为"立德树人、德法兼修"的目标，即立德树人是教育工作的使命担当，具备良好的法治素养与道德素质是个人全面发展的必然要求，"德法兼修"于此构成新时代教育工作的育人目标。党的十九大报告又指出："坚持依法治国和以德治国相结合……提高全民族法治素养和道德素质"，将道德与法律关系提升到全民素质之前所未有的战略高度，从而明确德法兼治的重大战略地位和历史使命。

其实，以中国的传统道德伦理作为公众行权的基准，当案件的裁判结果与社会大众的价值取向和思维定式有所差异的时候，法律上的形式合理性与道德上实质合理性必然会产生冲突。换句话说，如果行善举之人如同作恶之人一样被法律所制裁，被迫承担不利的法律后果，这显然与大众惯常的思想观念产生了极大的出入，同时在法律层面这些结果也将超出人们的预测和可接受的范围，由此引发一系列法律和道德之间的紧张关系。其中引起社会范围内广泛关注、影响较大的是"单否型"紧张关系，即违法不违德、违德不违法。

近年来引爆舆论的此类案件不胜枚举，如"彭宇案"和"赵宇案"就是违法不违德紧张关系的典型案例，前者是助人为乐却惹上了官司，后者是见义勇为反被拘。助人为乐、见义勇为是道德领域所倡导的行为，而且这些行为本身并不违反法律或是道德的要求，但在整个案件发生的大背景下，因为各种各样的原因，违背了法律的规定，让当事人承担相应的责任。此时，法律与道德之间出现了紧张关系，这种紧张关系将会导致更多的人无奈地选择冷漠，而且也不利于社会良好风气的养成。"于欢案""张扣扣案"同样也都是因为法律规定与传统道德观念相背离，从而引发了社会的广泛关注与讨论，不论是作为儿子的于欢或是张扣扣，他们的故意伤害甚至是故意杀人的行为都基于传统的道德观念"孝道"二字，尤其是于欢在母亲受到侮辱时的所为，能够被大众所认同，是因为世人都认为儿子保护母亲天经地义，任何人处于这样的立场都会选择如此的做法，因此在情理上他们的行为受到了大众的支持，但在法律层面被认定为违法行为，应当受到法律的制裁。

又如"小悦悦案"是违德不违法紧张关系的典型。面对两岁女童连遭多辆车的碾压，十多名路人成为漠然的看客，并未施以援手，眼睁睁地看着幼童命丧黄泉，在道德层面我们应用最严厉的语言去抨击这种见死不救的行为，但在法律层面我们没有任何依据来将这些漠然的看客绳之以法。俗话说，法不责众。此时，在法律缺失和道德水平低下这样的紧张关系面前不由得引发了人民大众对于社会道德水平降低的讨论，呼唤对见死不救的立法。

"双否型"紧张关系最典型的体现就是违法违德行为，如"泸州二奶案"。在此，将泸州二奶案作为双否型紧张关系的典型进行分析，引发人们因遗赠行为所产生的对法律与道德紧张关系的思考。遗赠人黄永彬与被上诉人蒋伦芳是婚姻维系多年的夫妻，本应按照《中华人民共和国婚姻法》（已废止）第4条的规定互相忠实、互相尊重，但黄永彬漠视道德规范、蔑视夫妻感情，与上诉人张学英长期非法同居。这样的行为不仅违背了我国传统甚至是现行的道德伦理标准，同样也违反了《中华人民共和国婚姻法》（已废止）第3条"禁止有配偶者与他人同居"的法律规定。但黄永彬仍坚持将遗产赠与非法同居者张学英，以合法形式变相剥夺了其妻子蒋伦芳的合法财产继承权，虽然其立遗嘱时具有完全行为能力，遗嘱的意思表示也真实，且形式上合法，但遗嘱的内容因违反法律和社会公共利益而无效，不受法律保护。黄永彬的行为不仅违背了民法典所规定的公序良俗原则、婚姻法中夫妻应互相忠诚的义务，而且违背了传统的道德伦理。类似于"撞伤儿童离开被拦猝死案""小偷逃跑溺亡案"等很多司法案件，其实都是关于法理与情理、法律与道德互为紧张关系的体现，通过对这些案件的研究，我们将能够运用最便捷、成熟的方式去解决法律与道德之间的紧张关系问题。

满足道德或者正义的一定条件，才能称为良法。法治是指所有的机构，包括立法、行政、司法及其他机构都要遵循某些原则。上述原则一般被视为法律特性表达，如正义的基本原则、道德原则、公平和正当程序的观念。它意味着对个人的最高价值和尊严的尊重。法不是中性词汇，法、法治、合法性、法律秩序等词汇，本身包含着某种最低限度的道德意义。法是有目的的、活生生的。法作为价值取向，是人类社会的一种意义追求，代表着人类社会主体对于所建构的制度对象的需求关系。美国法学家伯尔曼主张摒弃对法律相关的思想和行动的狭隘性与技术性理解，不能把法律仅仅归结为一套处理事务的技术性手段，不能把法律脱离于历史，不能把一国的法律等同于我们的全部法律。

（四）社会主义核心价值观与道德关系

社会主义核心价值观的实质是思想领域的上层建筑，也是与社会主义基本经济制度相适应的社会意识形态。它是坚持治国理政和德治育人相结合的重要途径，同时也是促进社会主义法治建设不可或缺的动力源。因此，可以将"发挥核心价值观优化传统道德观念的作用，了解和研究社会主义核心价值观融入法律的进程"作为缓解近年来法律与道德紧张关系的"助推器"。因此，社会主义核心价值观作为价值观的精髓，属于一种多元意义的价值共识，在引领良好的社会风尚方面发挥着优化传统道德观念的作用。

1. 核心价值观是传统道德的凝练与概括

社会主义核心价值观与新时代的道德理念之间的关系无疑是一脉相承的。一方面，社会主义核心价值观是道德发展到一定程度衍生出来的符合当代发展观念的具体的道德；另一方面，道德是社会主义核心价值观的"母体"，随着中国特色社会主义经济基础的不断巩固和发展，不容小觑的是，在新时代发展的沃土上还会滋养出更多崭新的、具有时代意义的价值共识。

社会主义核心价值观的存在便证明了其历史的正当性。不论是顺应了世界社会主义发展的规律，成为社会主义国家治国理政的思想核心，还是作为国家软实力来抵抗外来文化渗透、促进社会积极意识形成，这些注定将成为历史积淀下的文化遗产之精华。它将满足时代的需求，成为目前与中国本土最相匹配的价值趣味和价值理想，其发展已经由历史自发状态转化成了自觉提升。一个国家若是想要在文化方面有所成就，除了在文化实力、文化地位、文化内涵方面追赶超越之外，还要把具有自己民族特色的核心价值观重点孕育、培养起来并且发扬光大。那么，在这个过程中，切实让法治的规范性因子与核心价值观融合起来。只有社会主义核心价值观的"软性要求"与"硬性规范"共同结合起来应用于司法活动中，中国传统道德文化精神的旗帜才能鲜明，新时代的核心价值观念才能够完成它应有的使命。

2. 核心价值观是新时代全民共识的思想凝聚

中国的社会处于一个转折性的历史方位，法律与道德关系紧张的问题和现象常常引发社会大众的热情讨论，从更深层的实质性原因分析，多元性的价值观念的冲突碰撞才是主因。当一个社会变得更加多元化，思想观念发展程度越高，所面临的社会问题就越多，因此，就更加需要孕育共同的精神港湾来凝聚共识、团结国民力量，寻求社会主义核心价值观多元取向的"最大公约数"。

寓于国家层面的核心价值观，站在国强民富的宏观层面助力中国的繁荣富强；寓于社会层面的核心价值观，将社会公共领域的和谐稳定发展放在首位推动民族文明趋于完善；寓于个人层面的核心价值观，把握好公民自身素养的提升，倡导代代相传的百折不挠之奋斗精神，凝聚千百年来传统道德观念之共识，汲取世界领域优秀道德观念之精华。最终才能够真正地将古今中外传统道德观念优化为社会主义核心价值观，以此来协调新时代法律与道德的紧张关系。

四、中国特色社会主义法律体系

关于法律与法律体系的关系有两种观点：第一种观点是把法律等同于法律体系。依此，法律必定具有体系性，体系性是法律的内在属性。这一观点极少受到质疑，甚至被视为理所当然。第二种观点是并非所有的法律都满足体系性要求、具有法律体系的性质和形态；体系性是法律体系的内在属性，一地或一国法律只有在符合体系性要求、具备体系性的情况下，才能被看成一个法律体系。在现有研究中鲜有明确主张第二种观点者，本书持第二种观点并将对其做出论证。

上述第一种观点之所以被视为理所当然，有其理论的和现实的原因。理论上的原因在于对在现代有广泛影响力的若干法理学学说持有不当理解。在现代法理学话语下，法律总是与法律体系紧密相关，在一些学说中两者甚至被画上等号。凯尔森和拉兹等人在关于法律体系的专门研究中就是如此，以致许多研究者形成一种印象：凡法律必是法律体系。凯尔森有一个关于法律体系的著名论断："法是人的行为的一种秩序。一种'秩序'是许多规则的一个体系。法并不是像有时所说的一个规则，它是具有那种我们理解为体系的一系列规则。如果我们将注意力局限于个别的孤立的规则，那就不可能了解法的性质。将法律秩序的各个特殊规则联结起来的那些关系，对法律的性质来说，也是必不可少的。只有在明确理解构成法律秩序的那些关系的基础上，才能充分了解法的性质。"在此，凯尔森把法律定义成"由一系列规则组成的体系"。然而，与其说凯尔森的这一命题是对人类社会自古以来一切法律的性质与结构的总结，不如说是对他所处的时代的欧洲各国法律的总结。在写作其纯粹法学著作的时代，凯尔森所考察的各国法律具备体系性，展现为法律体系的形态。另一方面，这一命题表面上看起来是对实在法性质的描述，实际上是法学家基于其深刻洞见而对法律实践活动提出的规范性要求，要求现实的法律以及立法、执法和司法等法律活动要符合体系性要求，从而使相关活动产生的规范构成一个法律体系。所以，凯尔森的上述"论断"，既是对他所处时代法律体系已经形成的某些国家法律性状的总结和描述，也是他对法律提出的体系性要求。他从体系性角度对法律进行的描述性"定义"，实质上具有规范性要求的性质。

中国特色社会主义法律体系，是以宪法为统帅，以法律为主干，以行政法规、地方性法规为重要组成部分，由宪法相关法、民法、商法、行政法、经济法、社会法、刑法、诉讼与非诉讼程序法等多个法律部门组成的有机统一整体。

（一）宪法

宪法作为国家的根本法同政权是不可分割的，在推动全面依法治国的过程中起到无可替代的作用。中国共产党以其先进性和代表性，成为中国民主政治与法治建设的领导核心；以其对法治的孜孜以求，使法治中国的建设步伐越来越坚定。我国宪法的发展先后经历了《中华苏维埃共和国宪法大纲》《共同纲领》《五四宪法》《七五宪法》《七八宪法》《八二宪法》及其十一届三中全会之后的五次修订。

1.《宪法大纲》

1927年9月19日，中共临时中央政治局会议决定"现在的任务不仅宣传苏维埃的思想，并且在革命斗争新的高潮中应成立苏维埃"，要求"统一中国，造成新中国——工农兵劳动贫民代表会议（苏维埃）的中国""建立苏维埃的中国"。中国共产党开始规划政权建设。1930年在共产国际的指示和影响下，中国共产党决定建立中国的苏维埃共和国，制定不完全照抄苏俄宪法的中国国家根本法。同年12月1日中央执行委员会发布第1号布告，宣布中华苏维埃共和国成立，次日《红旗周报》全文刊载了《中华苏维埃共和国宪法大纲》（下文简称《宪法大纲》）。至此，中国共产党主持制定的第一部国家根本大法诞生。自此，中国人民完成了自己制定宪法的初步尝试，中国共产党开启局部执政时期，并开始了依据宪法治理国家的新道路。抗战时期的宪法治理贯彻民主与抗战两条主线，《陕甘宁边区抗战时期施政纲领》作为抗战初期具有代表性的施政纲领，极大地激发了广大人民群众的抗战热情和对民主政治的认同。抗日战争胜利后，国内局势发生了根本性的转变，中国共产党开启了宪法治理的新探索。《陕甘宁边区宪法原则》《中华民国陕甘宁边区自治宪法草案》《华北人民政府施政方针》等宪法性文献展现了中国共产党的宪法治理思想由萌芽到成熟、由理论到实践的演进，成为中国共产党夺取全面胜利的政治武器。总之，中国共产党对宪法治理的早期探索和经验总结奠定了中国共产党进行全面宪法治理的基本框架。

马克思主义哲学认为，只有人民，才是创造世界历史的动力。列宁认为苏维埃是无产阶级专政的最好形式，并在一些文献中曾提到人民代表苏维埃是替代议会制的机构。俄国十月革命后，苏维埃成为苏俄新型政权的标志。随着马克思主义在中国的传播，苏维埃作为一种崭新的制度，受到了当时具有初步共产主义思想的中国知识分子的关注。《中华苏维埃共和国宪法大纲》是我党领导人民制定的第一部宪法性文件，是红色宪法的源头。在《宪法大纲》的制定过程中，舍弃了照搬苏俄宪法文件的《中华苏维埃共和国宪法草案》，而代之以符合中国革命需要的简略纲领性宪法文件。《宪法大纲》作为创造中国新社会的序幕，是中国共产党领导群众结合苏区经验进行借鉴与创新，是中共制宪史上的创举，也是中共自主实现制度创制的一种初步尝试。

2.《共同纲领》

1949年9月29日，为了满足新中国成立初期政治、经济、文化发展的需要，中国人民政治协商会议正式通过了《共同纲领》。这部宪法性文献的出台，标志着中国的宪制发展进入了一个新的时代。《共同纲领》总结了中国人民反帝反封建、探索民主与自由过程中的斗争经验，规定了中华人民共和国的性质和任务，以及中华人民共和国的国体、政体，确保了人民群众的主人翁地位。作为新中国的第一部宪法性文献,《共同纲领》起到了临时宪法的作用,满足了建国初期政权建设的需要。在《共同纲领》的统筹下,新中国的国民经济得到了快速恢复和发展,进行了土地改革、镇压反革命运动,参加了抗美援朝战争,人民民主政权更加巩固,国际威望显著提升。《共同纲领》是中国共产党探索新中国宪法治理模式的雏形,为《五四宪法》的制定和"过渡时期总路线"的完成奠定了坚实的基础。

《共同纲领》宣告了封建主义和官僚资本主义在中国统治的结束和人民民主共和国的建立,规定了新中国的国体和政体。《共同纲领》确认"中国人民民主专政是中国工人阶级、农民阶级、小资产阶级、民族资产阶级及其他爱国民主分子的人民民主统一战线的政权,而以工农联盟为基础,以工人阶级为领导"。《共同纲领》规定人民代表大会制为我国的政权组织形式;宣布取消帝国主义在华的一切特权;没收官僚资本,进行土地改革;规定了新中国的各项基本政策和公民的基本权利和义务。《共同纲领》汲取了《宪法大纲》的基本原则和基本内容,如《共同纲领》规定"中华苏维埃共和国之最高政权为全国工农兵会议的大会",同时还规定"人民代表大会制为我国的政权组织形式"。此外,在关于公民的基本权利和义务、以工农联盟为基础、进行土地改革、宣布取消帝国主义在华的一切特权等方面,《共同纲领》与《宪法大纲》可谓一脉相承。由于时间发生了变化,中共的地位发生了变化,《共同纲领》充分汲取了党内、党外特别是民主党派人士的意见,比《宪法大纲》更加完备、更加健全、更加符合中国国情,并且反映了新中国的时代特征。《共同纲领》是中国历史上一份极其重要的文献,是中国共产党领导的民主联合政府的施政纲领,对于巩固人民政权、维护人民民主权利以及恢复和发展国民经济起着指导作用。《共同纲领》承载着奠定新中国基本格局和未来走向的一系列重大决策,具有重大历史意义。

3.《五四宪法》

新中国成立初期实行"一边倒"向苏联的政策,因此,新政权的宪制建设也向"社会主义阵营的老大哥"寻求意见与帮助。斯大林积极建议中共中央制定新宪法,十分明确地表示:"我想你们可以在1954年搞选举和宪法。我认为这样做,对你们是有利的。"在考虑到社会发展与国际形象,特别是考虑到斯大林的建议之后,党中央决定响应制宪建议并准备召开人民代表大会以起草宪法。在此背景下,1954年9月,第一届全国人民代表大会如期举行,表决通过了新中国第一部宪法——《中华人民共和国宪法》(以下简称《五四宪法》)。《五四宪法》借鉴与移植了1936年《苏维埃社会主义共和国联盟宪法》(以下简称《苏联1936年宪法》)。在国家机构上，《苏联 1936 年宪法》规定的最高国家权力机关为苏联最高苏维埃，我国《五四宪法》为全国人民代表大会。从设置到条文的表述，《五四宪法》与《苏联 1936 年宪法》存在极高的相似性。在宪法结构上，《苏联 1936 年宪法》的在章下分条，条下不分节模式被《五四宪法》承袭，后来的《七五宪法》《七八宪法》也均照此次序。

斯大林指出，中国应当在 1954 年实行选举、制定宪法，使得中共领导人开始为此进行全面的准备工作。可见，新中国成立初期的宪法治理思路受到了斯大林提议的影响和苏联模式的直接影响，这与新中国法制建设中全面学习苏联的方针是一脉相承的。实际上，当时资本主义与社会主义两大阵营对立的国际环境与《共同纲领》不能适应新中国成立以来国家和社会进一步发展的需要的国内背景共同促成了《五四宪法》的制定。关于新中国在 1954 年前后制定新宪法的动机，学界一般认为是出于对苏联的制宪建议的考量，以及过渡时期总路线提出后在宪法层面确立国家大政方针的需要。再者，随着朝鲜战争进入尾声，国内政治环境趋于稳定，土地改革基本完成，客观上也为制宪提供了所需的内外环境。

4.《七五宪法》

《五四宪法》在制定和颁布后受到普遍尊重，党和国家领导人也强调实施宪法治理的重要性，我国各级政权基本上都在遵循宪法规定的轨道运行。但没过多长时间，实施宪法的澎湃热情消退，宪法治理逐渐走向低谷。1975 年 1 月 17 日，第四届全国人民代表大会通过了新的《中华人民共和国宪法》，即《七五宪法》，中国共产党再次意识到宪法治理的重要性。

5.《七八宪法》

1976 年 10 月，我国政治出现了新的转机。1977 年 8 月 12 日至 18 日，中共十一大在北京举行，修改后的《中华人民共和国宪法》得以通过，即《七八宪法》。从内容上看，《七八宪法》一定程度上继承和恢复了《五四宪法》的精神，它对《五四宪法》受到破坏的制度进行了重建，具体表现在以下几个方面。

第一，国家机关职能的恢复与完善。《七八宪法》明确了全国人民代表大会及其常务委员会的监督职能，恢复了监督宪法实施、选举最高人民法院院长、选举最高人民检察院检察长等职能，恢复全国人民代表大会代表的质询权；恢复了行政机关的地位和职权，明确了国务院与最高国家权力机关和地方行政机关的关系；恢复了正常的司法体制，恢复了检察院的检察权，基本恢复了《五四宪法》确立的国家机构体系和职能。

第二，公民权利的恢复。《七八宪法》增加了公民权利与义务的规定，由《七五宪法》的 4 条增加到 16 条，并增加了公民对违法失职的国家机关和企事业单位工作人员的申诉权。

第三，社会主义民主制度的恢复。社会主义民主作为我国宪法的基本原则之一，在《五四宪法》中明确确立，但是在社会动荡中遭到破坏。《七八宪法》恢复了社会主义民主规定的同时，在健全选举制和加强全国人民代表大会职能、加强地方各级人民代表大会职能方面做出了新的规定，有利于社会主义民主制度的实践。

除此之外，《七八宪法》还通过恢复"百花齐放、百家争鸣"等条文，在一定程度上保护了公民的民主权利。《七八宪法》在 1979 年 7 月和 1980 年 9 月分别以决议的形式进行了两次修正，这是新中国宪法史上首次出现以宪法修正的形式进行宪法变迁。宪法修正相对于宪法革新来说更加温和与稳定，不易产生政治动荡，是《七八宪法》的重大宪制创新，是宪法治理本土化探索的一大进步。

1979 年 7 月 1 日，关于修正宪法的《决议》得到通过。第一次修正在四个方面进行了重要修改：在县和县以上的地方各级人民代表大会设立常务委员会；将地方各级革命委员会改为地方人民政府；将县级人民代表大会从间接选举改为直接选举；将上下级人民检察院由监督关系改为领导关系。1980 年第二次修正将《七八宪法》第 45 条"公民有言论、通信、出版、集会、结社、游行、示威、罢工的自由，有运用'大鸣、大放、大辩论、大字报'的权利"中的后半句删去，仅保留"公民有言论、通信、出版、集会、结社、游行、示威、罢工的自由"。

6.《八二宪法》及其五次修改

（1）《八二宪法》的形成

党的十一届三中全会以来，国家的工作重点已经转移到社会主义现代化建设上来。为了更好地推进改革开放，充分保障公民的民主权利和自由，对《七八宪法》的修改势在必行，宪法治理的路线必须调整。1982 年 12 月 4 日，五届全国人大五次会议通过了新《中华人民共和国宪法》，即《八二宪法》。《八二宪法》是十一届三中全会以来，对受破坏的《五四宪法》确立的宪法秩序进行的全面重建。

（2）《八二宪法》的继承与创新

第一，从制定过程上看，叶剑英要求"一定要坚持领导与群众相结合，采取多种形式发动群众参加，并交付全民讨论。同时，要成立一个工作小组，邀请各方面专家参加，并随时与全国各有关方面经常交换意见。要认真总结新中国成立以来制定和修改宪法的历史经验，从我国的实际情况出发，同时参考外国宪法"。这与《五四宪法》制定过程中遵循的原则十分相似。

第二，从结构上看，《八二宪法》完整地继承了《五四宪法》的结构安排，恢复了在《七五宪法》和《七八宪法》中被破坏的结构体例。它既没有像《七五宪法》《七八宪法》那样"大头细身"，更不是整体过分"消瘦"，在总体结构上与《五四宪法》更加接近。

第三，从内容上看，《八二宪法》在政权组织形式、政党制度、外交政策等方面都基本沿用了《五四宪法》的规定，并依据中国的社会发展情况加以改造。

（3）《八二宪法》的法制进步

《八二宪法》不仅继承了《五四宪法》的精神和原则，还结合中国改革开放初期的社会背景，深化了民主与法制建设。

第一，加强社会主义民主建设。《八二宪法》在序言部分确定了社会主义民主建设是国家的根本目标和根本任务之一。《八二宪法》第2条确定了人民当家作主这一基本原则，对于公民民主权利和自由的规定和保护大大超越了之前几部宪法。

第二，加强社会主义法制建设。《八二宪法》在第5条确认了社会主义法制的崇高地位，维护法制统一和尊严。第33条确认了法律面前人人平等的原则。这是《八二宪法》吸取历史教训，在法制建设上迈出的坚实一步。

第三，完善国家机构组织建设。《八二宪法》恢复设立国家主席和副主席；设立军事委员会，领导全国武装力量；健全行政机关的领导和工作体制；实行国家领导人的任期限制。

（4）五次修订及其创新

随着十一届三中全会的召开和改革开放的不断深入，我国宪制体系需要根据社会发展需求不断进行完善和创新，宪法治理路线需要适时进行调整。我国通过《八二宪法》以及1988年、1993年、1999年、2004年和2018年五次宪法修正案，将中国特色社会主义发展道路的理论创新通过根本大法确定下来，探索出了一条适合中国社会发展的宪制新路。

第一，国家经济制度的改革创新。十一届三中全会以来，我国摆脱苏联模式的思想禁锢，对社会主义经济体制进行了卓有成效的探索。在宪法制度方面，首先体现在土地所有权转让与私营经济的问题上。过去我国土地所有权虽然属于全民或集体，但由国家无偿、无限期地划拨使用。自1987年下半年起，国家决定在部分地区实行土地有偿使用试点，即有偿转让国有土地使用权，供土地使用权受让人开发经营，由受让人支付土地使用费。1988年宪法修正案规定土地使用权可以依照法律的规定转让。在私营经济方面，1987年国务院在会议中表达了对确立私营经济宪法地位的态度。1988年宪法修正案允许私营经济在符合法律规定的前提下发展，承认了私营经济是社会主义公有制的补充，并保护私营经济的合法权利和利益。1993年宪法修正案确认了国家经济体制改革的目标之一是实行社会主义市场经济体制。1999年修正案把发展社会主义市场经济列入国家的根本任务，显示了党和国家对健全和完善社会主义市场经济的重视和决心。在个人权利层面，为与社会主义市场经济体制相适应，2004年宪法修正案明确"公民的合法私有财产不受侵犯"，进一步确认国家对全体公民的合法私有财产给予保护。

第二，多党合作和政治协商制度的创新。1993年宪法修正案增加了关于中国共产党领导的多党合作和政治协商制度。中国共产党与民主党派的合作由来已久，新中国建立初期共产党便提出了"长期共存、互相监督、肝胆相照、荣辱与共"的方针。但是在"文化大革命"时期，政治协商制度遭到了严重的破坏。政协制度创立了一种崭新的执政形式与民主实现形式。作为中国特色的伟大独创，政协制度能够充分发挥我国政治制度的特点和优点，对建设中国特色社会主义民主政治具有重要意义。

第三，党的全面领导方式的创新。2018年宪法修正案不仅确认了中国共产党的合法领导地位，而且在宪法中确认了中国共产党领导是中国特色社会主义最本质的特征。这是在《七五宪法》之后，再一次在宪法正文中明确规定中国共产党的领导地位。将党的领导地位以国家根本大法的形式加以确认和保障，全面强化和落实党的领导，是新时代中国特色社会主义制度下的重大宪制成果。在此指导思想之下，国家进行了党和国家机构的全面深化改革。党政机构设置和职能配置的协同化举措能够增强党政机构之间的协调性和联动性，解决党的职能部门和政府机构之间职责重叠、机构间关系不清晰的问题，提高党政机构的整体效能，坚持和完善党的全面领导，是中国特色社会主义制度的重要改革。

第四，监察制度的本土创新。作为2018年修宪最为重要的内容之一，监察体制改革对中国宪制发展有着极其深远的影响。自党的十八大以来，反腐败斗争深入推进，深化监察体制改革成为新时代反腐败斗争的重要举措。2018年宪法修正案在"国家机构"中专门增加了一节"监察委员会"，规定了各级监察委员会的名称、性质、地位、人员组成、领导体制等方面，为监察委员会的建立和运作提供了根本依据。新时代的监察体制改革充分吸收了中国传统监察智慧、苏区监察法治实践以及党的十八大以来反腐斗争的经验，使得我国国家权力机关从原先的"一府两院"体制进化为"一府一委两院",这是从我国历史传统和现实国情出发,加强对公权力监督的重大改革创新。从宪制层面上看,规范和限制权力是宪制的核心内容之一,监察是监督国家机关及其工作人员进而约束权力的主要手段。因此,监察权应当纳入宪制框架,宪制框架下的监察权不应该仅仅是治官的工具,还应该是限权的手段。

7. 习近平新时代宪法中的四个坚持

(1)坚持党的领导

中国共产党作为我国的执政党,其领导地位已经在宪法层面予以确立。习近平总书记曾经指出,我国宪法以根本法的形式反映了党带领人民进行革命、建设、改革取得的成果,确立了在历史和人民选择中形成的中国共产党的领导地位。对这一点,要理直气壮讲、大张旗鼓讲。要向干部群众讲清楚我国社会主义法治的本质特征,做到正本清源、以正视听。我国宪法中对党的领导的体现有以下两个方面。

第一,我国宪法在序言中就明确要坚持中国共产党的领导。宪法序言开篇对我国取得新民主主义革命胜利的原因进行了总结,指出新民主主义革命之所以能取得胜利有以下几方面的原因:首先,我们有坚实的思想领导,即马列主义和毛泽东思想;其次,中国人民坚定不移地团结在党的身边,为我们取得革命胜利提供了坚实的群众基础;最后,我党在领导革命的过程中,坚持真理、修正错误,不断对革命路线进行修正,这是我们能取得革命胜利的另一不可或缺的原因。序言作为我国宪法中提纲挈领的部分,在其中写入中国共产党的领导,可见意义之重。

第二,我国宪法在第一条第二款中也有对党的领导的表述,具体表现为"社会主义制度是中华人民共和国的根本制度。中国共产党领导是中国特色社会主义最本质的特征"。2018年3月宪法修改特意在总纲中写入党的领导,凸显中国共产党的领导对于我国国家发展社会建设的深远影响。对此,习近平总书记做出这样的表述:经过此次宪法修改,使得"中国共产党的领导"这一基本原则不仅体现在宪法序言中,也展现在了我们国家的宪法总纲中,这样的修改更有利于党对各项工作的领导与调和。这次宪法修改的社会效果是十分好的。全党要继续推进完善各项体制机制,进一步把党的领导贯穿于法治建设的各个方面。宪法对党的领导的规定解决了中国特色社会主义制度的根本领导问题,此举是强化我党作为执政党的领导地位的必然要求,是贯彻"党领导一切"的具体实践,是推动我国向中国特色社会主义国家有序迈进的宪法保障。

（2）坚持人民当家作主

实现对人民民主的顶层设计，关键是引导人民群众从制度和形式上明确宪法治理的运行轨道，提升公民对宪法治理的认同感和参与度。在制度内容方面，我国宪法在人民代表大会制度、民族区域自治制度、基本经济制度、公民的基本权利与义务等方面进行了制度创新与创造性转换，从内容上保障了人民群众的主人翁地位。在创制形式方面，我党坚持直接或间接让人民群众参与到宪法制定的过程中，充分发扬人民民主，凝聚社会共识。2018年修宪时同样高度发扬人民民主，在程序上经过了政党动议、党内讨论、收集社会意见、议会通过四个步骤。人民群众直接或间接地参与到宪法制定的过程中，极大地体现了中国宪法治理的民主性，调动了人民对宪法治理的关注度，在发挥人民群众主人翁意识的同时宣传了宪制理念，扩大了宪法治理的社会基础，是中国共产党探索宪法治理模式过程中的重要成就。法治国家、法治社会是人民的社会，全体人民是法治国家的主人，其在建设法治国家的过程中有着不可替代的作用。在宪法文本中，对坚持人民当家作主的体现主要有以下几个方面。

首先，我国宪法所代表的是最广大人民群众的利益，现行宪法是一部人民的宪法。宪法从根本法的层面认可了人民当家作主这一基本原则，并将其作为宪法运行过程中的自身使命。中国共产党执掌国家政权、治国理政、推进全面依法治国，必须依靠人民、为了人民、确保人民当家作主。针对人民当家作主，习近平总书记指出，宪法规定了人民享有国家的一切权力，并对人民行使国家权力的方式进行了规定，这有利于全体人民通过各种手段参与到国家的政治生活中，共同管理、建设国家，促进国家发展。现行宪法第二条肯定了在新中国，国家权力为我国全体公民所享有。中国共产党章程第二条第二款规定"中国共产党党员必须全心全意为人民服务，不惜牺牲个人的一切，为实现共产主义奋斗终身"。宪法和党章分别从根本大法层面与政治层面确立了人民当家作主在我国法治建设和政治生活中的作用，凸显了人民作为依法治国的主体的重要作用。实现人民当家作主，不仅是宪法和依法治国的前提和目标，也是中国共产党人不断追求的政治理想。二者最终都将统一于为人民的美好生活谋福祉之中。

其次，人民代表大会制度作为我国最根本的政治制度，在宪法文本中也有体现。现行宪法第57条至第78条详尽地对人民代表大会制度的相关问题进行了规定，包括人大代表的选举与任期、人民代表大会的职权等内容。在宪法这一国家根本大法中对人民代表大会制度进行详尽的规定，更凸显了人民代表大会制度的根本政治制度属性，也是对人民代表大会制度的优越性的展示。具体来说，人民代表大会制度有利于保障国家权力，体现人民的意志，保障中央与地方之间权力的统一以及维护各民族团结，在宪法中对人民代表大会制度的规定能够确保国家权利掌握在人民手中，符合人民当家作主的宗旨，适合我国的国情。

最后，宪法对人民当家作主这一思想内涵的体现还表现在宪法广泛规定了公民的基本权利以及尊重和保障人权之中。现行宪法的第二大章的题目便是公民的权利与义务，将公民的权利与义务单独成编规定在宪法中，体现了宪法对公民权利的尊重与保障，更是宪法对人民当家作主原则的维护。针对公民的权利与义务，习近平总书记曾经指出：要通过法律的手段保障公民的各项权利得以有效实施，着力从经济、社会、文化等方面保障公民权利，努力实现人民不断增长的对美好生活的追求。同时，现行宪法还体现了对公民人权的保障。2004 年修改宪法时，将国家尊重和保障人权作为一项基本原则写入宪法中，将人民的幸福与利益具象化到国家的根本大法之中，实现了人权由抽象到具体、由笼统到详尽的变革性的转变。同时，这也是我党坚持为人民服务这一基本原则的要求。

（3）坚持中国特色社会主义法治道路

在人类的发展史上曾经有过三次具有重大意义的制度创新。第一次创新是分封制的确立，使得王国能够通过血缘的纽带而不断存续。这项创新来自古代中国，所谓周公之礼、封邦建国。有了良好的制度保障，周王朝迅速强大，疆域辽阔，国家发展日趋成熟。第二次创新是郡县制的确立，这使得专制主义中央集权国家能够形成有效统治。这项创新同样来自古代中国，秦为首创，汉初虽有反复，然最终施行天下。凭借这两次制度创新，中国在古代世界中一直处于领先地位。而第三次制度创新便是宪法与宪制的构建，在美国率先形成了以启蒙思想为主导的三权分立的宪政国家。随着西方各国普遍实行宪政，西方通过这一次制度创新暂时领先世界。习近平总书记指出：世界上没有完全相同的政治制度模式，政治制度不能脱离特定社会政治条件和历史文化传统来抽象评判，不能定于一尊，不能生搬硬套外国的政治制度模式。党的十九大报告指出："中国特色社会主义进入新时代，我国社会主要矛盾已经转化为人民日益增长的美好生活需要和不平衡不充分的发展之间的矛盾。"宪法治理必须服务于社会现实，必须对社会主要矛盾进行回应，通过正确的道路合理解决问题。中国特色社会主义法治道路本质上是中国特色社会主义道路在法治领域的具体体现。因此，从宪法的角度解读坚持中国特色社会主义法治道路这一内涵，实际上就是用宪法的观点看中国特色社会主义道路。笔者认为，从宪法的视角看中国特色社会主义道路，主要有以下几个方面的内容。

首先，坚持中国特色社会主义道路首先体现在宪法序言中。宪法序言对国家的根本任务进行了明确，指出国家的根本任务是沿着中国特色社会主义道路，集中力量进行社会主义现代化建设。这一表述指明了我们在进行社会主义现代化建设的过程中，必须毫不动摇地坚持中国特色社会主义道路，由此推及至社会主义法治建设层面。在推进社会主义法治建设的过程中，要坚定不移地走中国特色社会主义法治道路。同时，宪法序言将国家建设的总目标规定为"发展社会主义民主……实现中华民族伟大复兴"。由此我们可以得到以下结论：为了实现中华民族的伟大复兴，必须健全社会主义法治，发展社会主义民主。而健全社会主义法治，又要求我们在道路选择上要坚持法治的道路，即中国特色社会主义法治道路。

其次，宪法序言不仅从国家任务上体现了坚持中国特色社会主义，还从理论体系的范畴对此进行了规定。宪法序言明确了各族人民将在党的领导下，以中国特色社会主义理论体系为指导，最终实现中华民族的伟大复兴。中国特色社会主义理论体系是我党长期执政的重要理论依据，是我国取得今日辉煌成就的制度保障。因此，在坚持中国特色社会主义法治道路的过程中，我们必须以中国特色社会主义理论体系为支撑，高举习近平法治思想的大旗，最终实现法治国家的宏伟目标。

再次，宪法中对各项国家制度体系做出规定。我国宪法在其正文中对国家各项制度体系进行了规定，包括党的领导、人民代表大会制度、民族区域自治制度、"一国两制"制度、国家监察制度、司法制度等。这些制度相辅相成，共同构成了我国社会主义制度规范体系，并在我国法治建设过程中扮演着框架性规范的作用。在社会主义法治建设的过程中，一项重要任务便是强化与完善现有制度体系，并通过制度体系的完善促进社会主义法治的建设。在宪法中对各项制度体系进行规定，对中国特色社会主义法治建设具有指向性作用。

最后，宪法对中国特色社会主义道路的体现还表现在习近平总书记提出的"四个自信"中。"四个自信"是指道路自信、理论自信、制度自信和文化自信。道路自信要求我们对宪法所确立的社会主义道路充满自信，理论自信要求我们对宪法规定的国家发展目标、国家根本任务充满自信，制度自信要求我们对宪法规定的中国特色社会主义各项制度充满自信，文化自信要求我们对宪法所规定的中华文化精华以及社会主义优秀文化充满自信。总而言之，在社会主义法治建设过程中，要对宪法所规定的道路、理论、制度、文化充满自信，自觉做宪法的支持者、拥护者。

（4）坚持依宪治国、依宪执政

宪法是国家的根本大法，是一国政治、经济、社会、文化等方面基本需求的总结，宪法治理必须与本国国情相适应。中国共产党经过制定《中华苏维埃共和国宪法大纲》《共同纲领》《五四宪法》《七五宪法》《七八宪法》到《八二宪法》及五次宪法修正案，逐渐实现了宪法移植与本土化的内在转换，创造出了不同于西方也不同于苏联的宪法治理模式。党的十八大以来，习近平总书记提出"关于宪法的重要思想"，从宪法发展的历史与宪法实施的实践逻辑相统一的角度，全面和系统地阐述了我国现行宪法的法律特征、法律地位、制度功能及重要作用，形成了独具中国特色的宪法治理模式。步入新时代以来，中国共产党高度肯定宪法至高无上的地位，明确提出了依宪治国、依宪执政的国家治理理念，开启了探索具有中国特色的社会主义宪法治理模式新道路。

纵观百年宪制脉络，中国共产党坚持植根于中国国情、发轫于革命实践，以此来凝聚社会共识，处理国家富强与民众自由之间的关系。将国家权力运行与人民意志紧密联合，实现了"除了苏联外，没有哪个政权像我们这样与广大人民保持着密切联系的"，最终形成了以中国共产党为领导、以人民群众为主体、以民主集中制为依托的具有中国特色的宪法治理模式，构建了宪法治理的中国意识和中国导向。

当前，国际社会格局纷繁复杂、变化多样，习近平总书记称其为百年未有之大变局。在这样的国际形势下，时代潮流对中国共产党的治国理政方针提出了新的要求。我党在治理国家的过程中，要保障宪法、法律法规在执行过程中所展示出来的公平正义；带头遵守宪法、法律法规以及党规党纪。对于宪法中所蕴含的依宪治国、依宪执政的思路，习近平总书记指出该内涵在宪法中集中体现为三个坚持，即坚持党的领导——领导地位、人民民主专政——国体，以及人民代表大会制度——政体三者的有机统一。

"宪法的生命在于实施，宪法的权威也在于实施。"习近平总书记这句话凸显了宪法实施在依宪治国、依宪执政过程中的重要价值。一部法律如果不加以有效地实施，就宛如无牙之虎，无法起到应有的威慑和规范作用。强化宪法的实施，要求我们在宏观层面做到任何人都不能拥有超越宪法和法律的特权，全体公民都要尊重宪法和法律的权威；全体公民要坚决维护国家统一，保障宪法和法律的有效实施；要坚持有权必有责、用权受监督、违法必追究的权力观。在具体层面，加强宪法实施，要把工作重心放在强化合宪性审查制度、备案审查制度的能力建设，通过具体的应用手段让宪法真正在法治建设过程中呈现自己应有的价值与作用。对普通公民个人而言，强化宪法权威，主要表现在对宪法的学习上。从公民个人角度来说，在我们的日常生活中，要时刻牢记宪法中所体现的社会主义法治精神，认真学习、了解宪法知识，增强全社会对我国宪法的认同感、归属感，在全社会营造遵守宪法、维护宪法、学习宪法的宪法社会氛围。在营造良好的宪法社会氛围的过程中，要牢牢抓住青少年这个培养重点，着力培养青少年群体的宪法观，让普法教育"从娃娃抓起"，让每一位青少年成为尊法、学法、守法、用法的新时代社会主义新青年。

依法治国的前提是依宪治国，依法执政的前提是依宪执政。伴随着我国社会主义法治建设工作迈入全新的 2021 年，习近平法治思想在推动法治国家建设过程中将发挥无可比拟的作用。对于法学人，尤其是宪法学人来说，更要做到把习近平法治思想与其所体现的宪法精神相结合，最终实现中华民族伟大复兴。

（二）行政法规

国务院行政立法是国家立法的重要组成部分，行政法规有的是对宪法法律规定的制度的细化，有的是为各级政府依法行政提供规范指引，还有的是为制定法律先行先试积累经验，为推进国家治理体系和治理能力现代化提供了有力的制度保障。国务院坚持维护宪法作为国家根本法的权威地位，开展行政立法工作，保证法律法规之间衔接协调，确保行政法规规章同宪法法律不相抵触，立法工作取得突出成就。根据不同时期的立法任务和国务院立法权限的发展变化，可大致划分为以下阶段。

1. 建立确认阶段

1978 年年底，党的十一届三中全会做出把工作重点转到社会主义现代化建设上来、实行改革开放的历史性决策。这一时期，国家为适应改革开放和经济社会发展的需要，适时调整国家的立法体制，赋予了国务院行政法规制定权。随后通过的国务院组织法也明确了国务院及其组成部门制定行政法规和规章为其法定职责之一。改革开放之初，随着经济管理体制改革逐步开展，国务院研究总结了国内外经济建设方面的经验教训，按照党的路线方针政策，逐步制定社会主义经济管理和计划管理所需要的法规，加强经济立法和行政立法工作，运用经济调节手段、行政手段和经济立法来管理经济活动，促进外贸事业发展。改革开放之初的立法不是采取完整系统的体系化立法方式，而是全国人大及其常委会在制定法律的同时，授权国务院、地方先行先试。改革开放初期，经济改革的复杂性和发展速度要求政府拥有更多的权力进行经济管控。因此，这一时期的行政立法在价值导向上偏重于"赋权"，即赋予行政机关管理经济、文化和社会的权限，如城乡集市贸易管理办法、进口影片管理办法等，都具有典型的"管理法"特征和明显的计划经济烙印，通过行政立法规范行政行为的理念还未引起足够重视。1987年，国务院制定了《行政法规制定程序暂行条例》，首次从原则、规划和起草、审定和发布三大环节规定了制定行政法规应遵循的立法程序，行政立法开始进入追求实体和程序均衡发展的时代。

2. 快速发展阶段

这一时期，国务院行政立法围绕建立适应社会主义市场经济的法律体系这一目标做好相关领域的立法工作。在1993年的第二次全国政府法制工作会议上，国务院有关负责同志提出，当前需要由政府提出的法律草案、地方性法规草案和制定的行政法规、规章很多，任务十分繁重，要紧紧抓住重点，区别轻重缓急，尽快出台关于规范市场主体的立法项目，调整市场主体关系、维护市场公平竞争的立法项目，改善和加强宏观调控、促进经济协调发展的立法项目，建立和健全社会保障制度的立法项目，建立适应社会主义市场经济的法律体系。

3. 全面推进阶段

2001年12月11日，历经15年谈判，中国正式加入WTO，成为其第143个成员。中国加入世界贸易组织是中国深度参与经济全球化的里程碑，标志着中国改革开放进入了历史新阶段。中国加入WTO的历程大致可以分为两个阶段：一是复关准备阶段。中国是1947年成立的关税及贸易总协定（GATT）的创始国之一，故而于1986年7月提出恢复GATT缔约国地位的申请，并在当年9月全面参与了GATT乌拉圭回合多边贸易谈判。1987年3月，GATT成立中国工作组，1992年10月第十一次会议时，中国工作组基本结束了对中国经贸体制的审议，进入有关中国复关议定书内容的实质性谈判。1994年4月，中国签署了《乌拉圭回合多边贸易谈判的最后文件》和《建立世界贸易组织的马拉喀什协议》。签署这两个文件是中国复关的必备条件。二是以1995年1月1日WTO正式成立为节点的积极谈判阶段。同年7月11日，中国成为WTO观察员；同年11月，中日两国关于中国"入世"的双边市场准入谈判宣告结束。1998年6月，中共中央提出了中国"入世"三原则。1999年11月15日，中美两国政府在北京签署了关于中国加入WTO的双边协议。2001年6月9日和21日，美国和欧盟先后与中国就入世多边谈判的遗留问题达成全面共识。2001年7月16日至20日，第十七次WTO中国工作组会议对中国加入WTO的法律文件及其附件和工作组报告书进行了磋商，并最终完成了这些法律文件的起草工作。2001年9月13日，中国和墨西哥就中国加入 WTO 达成双边协议。至此，中国完成了与世贸组织成员的所有双边市场准入谈判。

20 世纪 90 年代，我国加入世贸组织的步伐加快。国务院依法及时制定行政法规，为形成中国特色社会主义法律体系做出了重要贡献。2000 年通过的《中华人民共和国立法法》（以下简称《立法法》）对行政法规、规章的制定依据、权限范围和程序做了具体规定，对全国人大及其常委会与国务院的立法权限做出划分，有利于国务院更好地通过制定行政法规行使行政管理职权。行政法规可调整的社会关系极为广泛，除《立法法》第 8 条规定的法律保留事项外，国务院可以对国家政治、经济、文化、社会、生态等方面的事项，制定行政法规予以调整。除此之外，《立法法》第 9 条还规定，《立法法》第 8 条规定的事项尚未制定法律的，除有关犯罪和刑罚、对公民政治权利的剥夺和限制人身自由的强制措施和处罚、司法制度等事项外，全国人大及其常委会有权做出决定，授权国务院可以根据实际需要，对其中的部分事项先制定行政法规。这就进一步扩大了行政法规可调整的事项范围。

这一时期，建立健全了科学立法、民主立法的制度和机制，增强了针对性、可操作性，有效解决实际问题，提高了立法质量。为适应中国特色社会主义法律体系，国务院开展了多次法规清理，逐步解决规章与上位法抵触，地方性法规与部门规章、部门规章与部门规章之间规定相冲突，立法与改革决策不衔接，修改与废止不及时等问题，以依法行政为政府法治建设目标，更加重视对行政机关权力行使的规范和约束，努力使政府的行政行为有"法"可依，更加重视立法程序在立法活动中的地位和作用。

4. 新时代的发展阶段

从古至今，无论是太平盛世还是烽火乱世，小康社会一直都是中华民族不断追求的梦想。它作为一个梦想和愿景，始终激励着敢于奋斗、勇于追求的中华儿女不断创造出新的成就，同时小康社会也是实现中华民族伟大复兴中国梦的关键一步。中国共产党在奋斗历程中，不断用实践推动小康社会的实现，并且基于时代特征和实际国情不断给予小康社会以新的内涵。在改革开放之初，邓小平提出中国在 20 世纪末的目标是实现小康，这个愿景设计自 20 世纪 80 年代至今都始终指引着党和国家的奋斗方向。邓小平将小康视为社会理想和愿景目标，1979 年，邓小平以小康来阐述中国式现代化："我们要实现的四个现代化，是中国式的四个现代化。我们的四个现代化的概念，不是像你们那样的现代化的概念，而是'小康之家'。"他将现代化建设与实现小康结合起来，确立了建设中国式现代化的愿景设计。1984 年，邓小平又对小康进行了具体的阐述："所谓小康，从国民生产总值来说，就是年人均达到八百美元。"小康社会至此不再是抽象的社会理想，而是可以预见的、可实现的、具有现实意义的愿景设计。1987 年，党的十三大召开，确立了经济建设三步走的总体愿景设计和战略部署，其中第二步目标是从1991 年到 20 世纪末国民经济总产值再增长一倍，达到小康水平。经过中国共产党和中国人民的艰苦奋斗，20 世纪末，中国经济社会发展迅速，已经实现总体小康。2002 年，党的十六大提出要全面建设小康社会，使经济更加发展、民主更加健全、科教更加进步、文化更加繁荣、社会更加和谐、人民生活更加殷实。这表现出对小康社会的要求不再拘泥于经济建设，而是各方面都要协调共进。2007 年，党的十七大指出，确保中国在 2020 年实现全面建成小康社会的奋斗目标。党的十八大提出了社会主义新时代法治建设的新十六字方针，即"科学立法、严格执法、公正司法、全民守法"，提出"完善中国特色社会主义法律体系，加强重点领域立法，拓展人民有序参与立法途径"，把"法治政府基本建成"确立为 2020年全面建成小康社会的重要目标。

一是完善立法权限制度。2015 年《立法法》修改落实党的十八届三中全会提出的税收法定原则，完善税收专属立法权制度，明确"税种的设立、税率的确定和税收征收管理等税收基本制度"只能由法律规定。贯彻落实党的十八届四中全会决定，确立特定事项授权制度，细化授权决定内容和授权期限等制度；完善规章制定权限制度，明确制定部门规章，没有上位法依据，不得设定减损公民、法人和其他组织权利或者增加其义务的规范，不得增加本部门的权力或者减少本部门的法定职责。

二是注重提高立法质量。我国将提高立法质量摆在更加突出的位置。起草法律、法规、规章草案坚持从国情实际出发，深入调研掌握实践突出问题，统筹考虑各方利益诉求及不同制度方案的利弊得失，努力设计出能够有效解决实际问题、尽可能兼顾各方合理诉求的制度，推动为维护改革发展稳定亟须的法律、法规、规章及时出台。

三是加强重点领域立法。紧紧围绕统筹推进"五位一体"总体布局、协调推进"四个全面"战略布局，着力加强涉及全面深化改革、维护国家安全、推动经济发展、保障和改善民生、完善社会治理、规范政府行为等重点领域立法。

四是坚持在法治下推进改革，在改革中完善法治。习近平总书记指出，凡属重大改革都要于法有据。党中央、国务院改革决策部署需要配套规定或者需要修改法律法规的，及时提请列入立法工作计划。国务院立法工作计划自 2015 年起单独设置全面深化改革急需的立法项目，努力做到重大改革于法有据。比如，为在部分地区推进"证照分离"等先行先试的改革措施，国务院发布关于在上海市浦东新区暂时调整有关行政法规和国务院文件规定的行政审批等事项的决定、关于在北京市暂时调整有关行政审批和准入特别管理措施的决定，提请全国人大常委会审议并出台关于授权国务院在北京市大兴区等三十三个试点县（市、区）行政区域暂时调整实施有关法律规定的决定等授权决定。

五是扎实推进科学立法、民主立法、依法立法。国务院制定行政法规和规章时，不断拓宽公众参与渠道，广泛听取各方面意见，凝聚各方智慧和力量，增进立法决策的科学性和民主性。2012年，在"中国政府法制信息网"上公布《国务院法制办公室法律法规草案公开征求意见暂行办法（节录）》，对公众参与行政立法问题做出具体规定。

六是自觉维护国家法治统一，完善法规规章备案监督制度机制。根据宪法、地方组织法有关规定，地方性法规应向全国人大常委会备案，同时向国务院备案。地方性法规与上位法相抵触的，全国人大常委会有权予以撤销；国务院发现的，可以向全国人大常委会提出处理建议。

（三）宪法相关法

1. 宪法相关法内容

宪法相关法是与宪法相配套、直接保障宪法实施和国家政权运作等方面的法律规范，主要包括国家机构的产生、组织、职权和基本工作原则方面的法律，民族区域自治制度、特别行政区制度、基层群众自治制度方面的法律，维护国家主权、领土完整、国家安全、国家标志象征方面的法律，保障公民基本政治权利方面的法律。

2. 习近平国家制度与法律制度思想

马克思指出，理论在一个国家实现的程度，总是取决于理论满足这个国家的需要的程度。当代中国正处于国家治理体系的大变革过程之中。这一广泛而深刻的历史性变革，有力推动着国家发展及其现代化的时代进程，深刻改变着国家制度与法律制度领域的基本面貌，从而对推动当代中国马克思主义国家与法的学说的创新发展提出了迫切的理论需要。党的十八大以来，随着中国特色社会主义进入新时代，以习近平同志为核心的党中央从坚持和发展中国特色社会主义的战略高度，紧密结合新的时代条件和治国理政的实践要求，进行艰辛的理论探索，创造了习近平新时代中国特色社会主义思想，实现了党和国家指导思想的又一次与时俱进。习近平国家制度与法律制度思想是习近平新时代中国特色社会主义思想的有机组成部分，是马克思主义国家与法的学说中国化的最新重大理论成果，是新时代加强国家制度与法律制度建设、推进国家治理现代化的根本遵循。习近平国家制度与法律制度思想内容丰富、体系完整，凝结着我们党领导人民推进国家制度与法律制度建设的宝贵经验，表明我们党对国家制度与法律制度建设规律的认识达到了新高度，对马克思主义国家与法的学说在当代中国的创新发展做出了原创性的贡献。

加强社会主义国家制度与国家治理体系建设，推进社会主义国家治理与社会治理，是世界社会主义运动中的一个重大问题，也是共产党执政后亟应完成好的一项迫切任务。习近平总书记深刻分析说："实际上，怎样治理社会主义社会这样全新的社会，在以往的世界社会主义中没有解决得很好。"马克思主义经典作家运用历史唯物主义国家与法的学说，提出了无产阶级革命的历史性任务，揭示了创立新型的社会主义国家制度与法律制度的内在必然性，阐述了建立"自由人联合体"的崇高社会理想，指出"无产阶级革命将建立民主的国家制度"。应当看到，虽然由于社会历史条件的限制，马克思主义经典作家没有对社会主义社会的国家制度与法律制度提出具体的方案，然而却指明了基本的运行准则，特别是强调在根本社会变革基础上创立的新型社会主义国家制度与法律制度，将使无产者作为"有个性的个人"得以确立和实现，把"个人的自由发展和运动的条件置于他们的控制之下"，确证以人的全面发展和共同占有与控制生产为基础的"自由个性"，建立"自由人联合体"。这就为未来的新型国家制度与法律制度建设勾勒了价值愿景。

列宁在领导俄国十月革命、创立世界上第一个社会主义国家政权的伟大斗争中，对社会主义国家制度与法律制度建设问题做出了精辟的论述，丰富和发展了马克思主义国家与法的学说，为社会主义国家政权建设奠定了思想理论基础。列宁强调，在社会主义条件下，国家制度与法律制度建设的重要任务，就是要建立和完善人民权利得以实现的有效机制，运用国家制度与法律制度形式全面地确认人民的自由和权利，并且要保证人民群众能够实际参与国家事务管理，坚决同蔑视人民权益和权利的官僚主义作风进行不懈的斗争。基于对世界社会主义运动历史经验的深刻总结，党的十八大以来，以习近平同志为核心的党中央坚持把推进国家治理体系和治理能力现代化、推动中国特色社会主义制度更加成熟更加定型确立为新时代治国安邦的主轴，深刻认识到推进国家制度和法律制度建设的长期性、艰巨性和复杂性，对国家制度和法律制度建设的重大任务和举措做了部署，着力把我国制度优势更好地转化为国家治理效能。习近平总书记强调，从世界历史角度看，经过长期剧烈的社会变革之后，一个政权要稳定下来，一个社会要稳定下来，必须加强制度建设，而形成比较完备的一套制度往往需要较长甚至很长的历史时期。我们说过，巩固和发展社会主义制度，还需要一个很长的历史阶段，需要我们几代人、十几代人，甚至几十代人坚持不懈地努力奋斗。习近平总书记在省部级主要领导干部学习贯彻十八届三中全会精神全面深化改革专题研讨班上的讲话中，从坚持、发展和完善中国特色社会主义国家制度和法律制度的战略全局出发，提出了国家制度建设上的"前半程"与"后半程"的关系问题，鲜明提出了当代中国国家制度建设"后半程"的历史性任务。很显然，这是一项极为宏大的新时代的伟大社会革命工程，需要在各个领域协调联动和系统集成，进而要求人们坚定地走好社会主义国家制度和法律制度建设的"后半程"，在国家治理现代化上形成总体效应、取得总体效果。中国共产党要跳出"历史周期律"、实现长期执政、确保党和国家长治久安，就必须悉心做好"为民族复兴筹、为子孙后代计、为长远发展谋"的战略谋划，把国家制度和法律制度建设摆上重大战略议程，从而为中国特色社会主义事业发展提供根本性、全局性、长期性的制度保障。

　　国家制度和法律制度是中国特色社会主义制度体系的重要内容，是中国特色社会主义政治文明的重要制度载体。我国国家的根本制度和根本任务、国家的领导核心和指导思想、人民民主专政的国体、人民代表大会制度的政体、中国共产党领导的多党合作和政治协商制度、民族区域自治制度以及基层群众自治制度、社会主义法治原则、民主集中制原则、尊重和保障人权原则，等等，都在我国现行宪法和法律中得到确认和体现。因此，"真正实现社会和谐稳定、国家长治久安，还是要靠制度"。所以，必须从确保党和国家长治久安、实现中华民族伟大复兴的长远考虑，根据新的历史条件的客观要求，通过全面深化改革来深入推进国家制度与法律制度建设。只有这样，才能坚定不移地走好社会主义国家制度建设的"后半程"，推动中国特色社会主义国家制度与法律制度更加成熟、更加完善、更加定型，在当今世界激烈的国际竞争中赢得制度优势，充分发挥中国国家制度与国家治理体系的优越性。

（四）民法、商法

1.民法、商法的内容

民法是调整平等主体的公民之间、法人之间、公民和法人之间的财产关系和人身关系的法律规范，遵循民事主体地位平等、意思自治、公平、诚实信用等基本原则。商法调整商事主体之间的商事关系，遵循民法的基本原则，同时秉承保障商事交易自由、等价有偿、便捷安全等原则。

2.民商法的发展与变化

社会经济发展伴随着民商法的变化与发展。一方面，民商法发展是社会经济发展的重要内容之一；另一方面，社会经济发展决定着民商法的变化，并规定了其发展模式与路径。通常认为，经济发展是民商法发展与变化的决定因素，社会其他方面的发展是重要影响因素。正常的社会经济秩序是人们正常生活的必要条件，而稳定的社会经济秩序需要完善的法律予以维持，而民商法是维护稳定社会经济秩序中最基本的规则体系。就民商法与经济的决定与被决定的关系而言，早有"民法的准则只是以法律的形式表现了社会的经济生活条件"的经典理论表述。从社会经济与民商法的作用关系角度，正如有学者指出的那样，民商法的产生源于市场经济"计算"合理性的需要，其中，几乎所有的经济行为过程都是可以计算的，包括成本与利润、内部管理与外部环境因素的计算，等等。作为基于合理性计算方式、规则的民商法必须以市场经济本身的规则为根据。由此可见，民商法只是社会经济运行的结果。

在经济社会的宏大视角下，经济因素是民商法变化与发展的决定因素，但根源于经济关系的其他社会关系同样会对其变化与发展产生重要影响，故不可忽视。在分析性思维主导下，法律工具主义演进发展较为强劲，而于我国之法学变化与发展，则不能无视"德"所统构的价值因素的影响，原因在于：第一，民商法的变化与发展取决于市民社会的自我发展能力和水平，而我国因自主自发能力的不足正确地采取了政府主导型发展模式。第二，法律传统与社会传统证明，德法合治则兴，德法分离则衰。民商法的变化与发展不可能走西方的老路而与自身的历史传统相割裂。第三，德法合治已经上升为国家层面的治国理政方略，且被实践证明是符合我国实际的正确选择。

由此可见，在我国民商法发展中：其一，民商法的发展受到政治、文化、道德等多种因素的影响；其二，传统法律思想事实上影响着我国民商法的发展；其三，法意识、法文化等共同构成了我国民商法变化发展的外部客观环境，即无论是在立法还是司法中，这些客观存在的外部因素都不能被轻易忽略。概言之，法律"并不是随心所欲地创造，并不是在他们自己选定的条件下创造，而是在直接碰到的、既定的、从过去继承下来的条件下创造"。众所周知，民商法必须根植于法治的土壤之中，而法治土壤由诸多社会关系相互作用才得以形成。

2020年5月，《中华人民共和国民法典》交由全国人民代表大会表决通过，自此，我国第一部以"法典"命名的法律诞生，这是我国社会主义法治建设取得的重大成果。立足新时代，纵观我国几十年的社会经济发展，我们可以清晰地看到经济发展与社会变革对民商法的实际影响，主要包括：第一，对民商法法律主体的影响。如生物科技革命背景下，基因技术对民事主体制度的实质影响、智能机器人对知识产权法律主体制度的影响、第三部门司法规制所带来的民商事主体制度的影响，等等。第二，创设或完善民商事主体的基本权利。如随着信息时代的高速发展，公民个人信息权一度成为理论、司法实践普遍关注的问题，人格权商品化问题、公民环境权问题也是当下社会经济发展的焦点问题。第三，催生新的民商事法律关系。如网络环境下的财产保护问题、知识产权保护问题、网络消费者权益保护问题等。第四，推进民商事立法逐步完善。如对公司治理模式的立法更加体现了国际化标准和对自治权的保护、强制保险的立法完善、强化了对移动电信服务行业的立法规制力度，等等。社会经济发展对民商事变化与发展的影响是全方位的：一方面，社会经济发展促使民商事立法不断走向完善；另一方面，不断完善的民商事法律对我国社会经济发展起到了积极的促进作用。

（五）行政法

1. 行政法的内容

行政法是关于行政权的授予、行政权的行使以及对行政权的监督的法律规范，调整的是行政机关与行政管理相对人之间因行政管理活动发生的关系，遵循职权法定、程序法定、公正公开、有效监督等原则，既保障行政机关依法行使职权，又注重保障公民、法人和其他组织的权利。

2. 新时代的依法执政

经济社会发展既有其自身内在的客观规律，又离不开国家的引领与推动。基于历史的实践经验，习近平总书记特别强调立法对经济社会发展和政府职能转变的引领推动作用。他指出，建设中国特色社会主义法治体系，全面推进法治国家建设，必须坚持立法先行，发挥立法的引领和推动作用。我们要加强重要领域立法，确保国家发展、重大改革于法有据，把发展改革决策同立法决策更好结合起来。要坚持问题导向，提高立法的针对性、及时性、系统性、可操作性，发挥立法的引领和推动作用。他还说，凡属重大改革要于法有据，需要修改法律的可以先修改法律，先立后破，有序进行。有的重要改革举措需要得到法律授权的，要按法律程序进行。在谈到政府职能转变和法治建设的关系时，他又指出，政府职能转变到哪一步，法治建设就要跟进到哪一步。要发挥法治对转变政府职能的引导和规范作用，既要重视通过制定新的法律法规来固定转变政府职能已经取得的成果，引导和推动转变政府职能的下一步工作，又要重视通过修改或废止不合适的现行法律法规为转变政府职能扫除障碍。习近平总书记强调以立法引领和推动经济社会发展、以立法引领和保障政府职能转变，是旨在解决稳定与改革、改革与发展、活力与秩序之间的关系问题，力求推进社会有序变迁，实现整个社会处于有活力的有序状态。

习近平德法兼治观在全面推进依法治国历史进程中坚持依法治国和以德治国相结合治国方略的必要性、可能性和现实性等方面提出了许多新主张，是 21 世纪初党提出"把法治建设与道德建设紧密结合起来、把依法治国与以德治国紧密结合起来"的方略之后所形成的我国国家治理方略的最新理论成果，与其他法治建设相关论述一起构成了习近平法治思想的重要内容。习近平德法兼治观之所以构成其法治思想的重要组成部分在于五个方面：其一，德法兼治观首先坚持的是党对全面依法治国的领导，在此基础之上，才是党领导人民对于依法治国和以德治国相结合原则的具体把握。其二，德法兼治观还要坚持以人民为中心，发挥法律与道德在实现人民美好生活中的保障作用，并让法治建设与道德建设融入人民美好生活本身。其三，德法兼治观重在坚持法治与德治的结合，即一手抓法治，一手抓德治，两手抓，两手都要硬，如此构成坚持走中国特色社会主义法治道路的鲜明特色。其四，德法兼治观既重视道德领域突出问题的综合治理，也重视立法、执法、司法和守法等法治建设各环节之中突出问题的道德考量。其五，德法兼治还被放在坚持依法治国、依法执政、依法行政，共同推进法治国家、法治政府、法治社会一体建设的战略布局之中。如党的十九大报告就指出"健全自治、法治、德治相结合的乡村治理体系"，就是将德法兼治放在基层治理体系之中给予安排；再如把对于"食品药品安全、产品质量安全、生态环境、社会服务、公共秩序等领域群众反映强烈的突出问题"的法律关照放在整个国家治理体系之中加以统筹。此种情形中的德治和法治就不再只是道德领域或法律领域内部之事，而是整个社会主义现代化建设的有机组成部分。总之，习近平总书记将其法治思想中的德法兼治观放在当代中国社会发展的多个领域、多个空间、多个层面之中进行整体布局和具体设计，将法治建设及道德建设提升到"四个全面""五位一体"乃至在"中华民族伟大复兴中国梦"中的战略地位，揭示出我国法治建设和道德建设与西方社会建设的本质区别，并彰显出我国的鲜明特点、制度优势和价值旨归。

（六）经济法

1.经济法的内容

经济法是调整国家从社会整体利益出发，对经济活动实行干预、管理或者调控所产生的社会经济关系的法律规范。经济法为国家对市场经济进行适度干预和宏观调控提供法律手段和制度框架。法是社会关系的集中反映，经济法尤其如此。

2.社会发展中的经济立法

发展是社会生产与生活及其实践主体之结构的进步性变化，是打破旧平衡到建立新平衡的历史进程，在其中，既有单纯量的增加，更有要素组合结构的嬗变，而正是这种结构嬗变，使发展获得了一个更大的可能性空间。中国共产党始终谋求全面发展，把发展规定为执政兴国的第一要务。为了促进政治、经济、社会、文化、生态全面发展，必须创造优良的法治环境。从历史和国际比较来看，立法是最有利于一个国家稳定、发展、繁荣的制度安排，那些最早实现法治的国家，率先走上了现代化发展道路，率先成为发达国家和富裕国家；而那些在法治建设上迟滞不前的国家，则始终未能走上现代化之路，即便在一段时间也有所发展，但并没有顺利迈进现代化门槛。中国共产党推进全面依法治国，一个重要意图就是为子孙后代计、为长远发展谋。因此，立法必须为发展服务，要以"围绕发展、服从发展、服务发展、促进发展"为立法工作的根本遵循，正确处理立法决策和改革、发展、稳定的关系，通过立法破除制约先进生产力发展的体制性障碍，规范实践中创造的各种发展和改革的举措，建立符合市场经济制度要求、有利发展的新体制，努力使制定的法律法规既代表先进生产力和先进文化的发展要求、前进方向，又与现实生产力和生产关系、现实社会文化发展相适应。立法既要妥善协调各种权利行为，正确处理各种利益关系，充分尊重各种在法律上受保护的权利，同时又要以社会整体利益最大化为取向从错综复杂的利益关系中找到各种利益消长的平衡点，以此为基础实现经济社会的最大化发展，让社会各阶层都能从发展中获益。

（七）社会法

1. 社会法的内容

社会法是调整劳动关系、社会保障、社会福利和特殊群体权益保护等方面的法律规范，遵循公平、和谐和国家适度干预原则，通过国家和社会积极履行责任，对劳动者、失业者、丧失劳动能力的人以及其他需要扶助的特殊人群的权益提供必要的保障，维护社会公平，促进社会和谐。

2. 新时代中国社会法的发展与挑战

随着中国特色社会主义法律体系的建成，社会法作为中国特色社会主义法律体系的重要组成部分获得了其应有的法律地位，促使其在劳动关系领域、社会保障领域、特殊群体权益保护领域、公益组织与慈善事业领域得到不断丰富和发展。改革开放以来，我国已制定颁布了一系列社会法领域的法律、行政法规、部门规章、地方性法规和最高人民法院的司法解释等，其中由全国人大及其常委会制定的法律共 20 多件。

党的十八大以来，中国特色社会主义进入了新时代。党的十九大提出以人民为中心的发展思想与社会法的理念高度契合。新时代背景下，以改善民生和创新社会治理为重点的社会建设离不开社会法体系的构建与完善，这为社会法的发展提供了新机遇，也提出了新要求。随着我国经济体制改革的深化，我国经济正在从高速增长向高质量发展转变，围绕这一转变，我国的宏观经济政策、产业结构政策、改革政策、社会政策都将发生变化。目前中央提出供给侧结构性改革，旨在调整经济结构，使要素实现最优配置，提升经济增长的质量和效益。在这一改革过程中，淘汰落后企业、企业转型升级等现象必然影响劳动就业和劳动关系的变化。此外，人口新政的出台、户籍政策的调整、扶贫政策的推进、国家机构的改革、互联网共享经济的发展等，都会对社会建设领域带来新问题和新挑战。

第一，在劳动法领域，随着我国供给侧结构性改革，经济增速放缓，一些企业出现了破产倒闭、停工裁员的风潮，《中华人民共和国劳动合同法》（以下简称《劳动合同法》）的修订再次被提及。自 2016 年起国务院有关部门启动了《劳动合同法》修改工作并完成了修改草案。但《劳动合同法》修改并未列入新一届全国人大常委会立法工作计划。全国人大法工委认为企业负担过重不仅仅是用工问题造成的，仅把企业的负担过重归因于劳动用工是不全面的，因此认为对《劳动合同法》进行修改的条件还不具备，时机也不成熟。由此可见，《劳动合同法》修改经过前期争论后暂时停止，但这并不意味着不改，只是需要进一步研究，待条件成熟后再进入法律修改程序。此外，互联网平台用工在许多方面颠覆了传统用工模式，使得互联网平台劳动关系的认定成为焦点问题。对于大量附着于平台的从业劳动者而言，若将平台用工视为劳务关系，则其劳动权利难以得到充分保护，比如，工作时间、劳动安全、社会保障等；若都将其纳入劳动法适用范围，则较高的用工成本不利于促进互联网经济的发展。面对这种新型的用工方式，需要在立法层面予以回应，建议单独制定法律，构建以保障劳动基本权为核心的调整互联网平台用工的法律制度。

第二，在社会保障法领域，亟待整合统一的城乡居民养老保险和医疗保险。在总结新型农村社会养老保险和城镇居民社会养老保险试点经验的基础上，将新农保和城居保两项制度合并实施，在全国范围内建立统一的城乡居民基本养老保险制度，以解决社会保险条块分割的现状，增强公平性、适应流动性、保证可持续性；在总结城镇居民医保和新农合运行情况以及地方探索实践经验的基础上，整合城镇居民医保和新农合两项制度，建立统一的城乡居民基本医疗保险制度。此外，社会保险费率问题、生育保险并入医疗保险、"精准扶贫"等都是新时代社会法亟待回应的热点问题。

（八）刑法

1. 刑法的内容

刑法是规定犯罪与刑罚的法律规范。它通过规范国家的刑罚权来惩罚犯罪、保护人民、维护社会秩序和公共安全、保障国家安全。

2. 习近平法治思想与刑法

（1）科学立法与刑法原则

党的十八大报告提出"科学立法、严格执法、公正司法、全民守法"新的16字方针，表明我国社会主义法治建设进入了新阶段。其中，科学立法概念居于首位，即全面依法治国目标的实现以立法为基础。在习近平法治思想中，立法的理论基础是进行一切依法治国活动的基准及原则。刑事立法作为威慑及预防大众犯罪的核心工具，在全面依法治国的建设中占据着极为重要的一个方面。而刑事立法中有需要秉承与贯彻的三个原则，即罪刑法定原则、刑法面前人人平等原则、罪刑相适应原则。这是我国刑事领域现存的、符合我国国情并经受时代考验的三个原则。马克思主义在评价各个阶段的刑法原则时，认为奴隶社会的刑法原则在于报复及复仇，充斥着残酷的报应色彩；封建社会的刑法原则为重刑主义；资产阶级在反封建主义的时期，提出"社会契约论"及"天赋人权论"，其指导思想为理性主义、实证主义，刑法基本原则概括为罪刑法定、罪刑等价和刑罚人道，但这些刑法原则被资本主义时代下的资产阶级掩盖阶级本质并滥用，使这些刑法原则成为资产阶级肆意妄为的工具。

我国刑法原则经历了较为稳定且持久的状态，如罪刑法定原则是在晚清时期由日本传入的，在《大清新刑律》中有所体现："法律无正条者，不问何种行为，不为罪。"直至新中国成立后在 1979 年制定的第一部刑法典中，使用了类推原则，其与罪刑法定原则存在本质上的冲突。对于此部刑法是否贯彻了罪刑法定原则，学界存在不同认识。即便如此，在后期的刑事立法及修正中，仍将罪刑法定原则作为刑法中极为重要的一个原则，指导刑事立法及司法。正因罪刑法定原则在司法实践及维护公平正义中的重要地位，习近平法治思想中对于刑法原则的解读，也同样秉承正义、贯彻平等。其思想强调立法的重要性，并主张这种立法必须公正且正义，唯此才可为罪刑法定原则提供更好的发展空间。

（2）严格执法与刑法实质

为何会将严格执法与刑法的实质进行比较，这与习近平总书记在《十八大以来重要文献选编》的"严格执法，公正司法"中的一段话有关："应全面贯彻严格文明公正执法，禁止畸轻畸重现象。"执法过程中暴露的诸多问题，常归因于执法失之于宽、失之于松。这是不严格的执法方式为执法司法公信力的建立所带来的极大副作用。习近平总书记强调针对群众的执法问题，应设身处地考虑执法对象的感受、规范言行，切忌粗暴执法、"委托暴力"，推进人性、柔性、阳光执法。即便如此，标准依旧不能改，对违法行为一定要严格尺度、依法处理。当前诸多领域中行政执法和刑事司法仍存在脱节，涉嫌犯罪的案件止步于行政执法环节，这其中包含执法不严问题，因此要加强执法监察、加强行政执法与刑事司法衔接。

在对刑法概念的判断中，存在着形式刑法与实质刑法的区分，实质刑法中包括犯罪与刑罚的内容。例如，民商、行政、经济等法规中所规定的涉及刑事制裁的罚则，即实质刑法。实质刑法的适用应遵循我国刑事专门法律的准则及原则。执法过程中的行政罚则依据的是轻微违法行为的规范，严格执法的要义首先应遵循一定的执法规范，但在行政领域管辖范围内的重大违法案件，其适用的规范应做一定调整。执法的严格性要求：第一，要严格适用规则，包括行政及刑法规则。第二，这里的严格并非严厉，而是适当且恰当。不可一味地严厉执法、"暴力执法"，而应恰当执法，严格适用力度，把握适用范畴，当前的刑事立法与行政立法的衔接问题并没有十分畅通，因此，在执法的过程中应通过规范的行为及规则应用做出一定调整。

（3）公正司法与刑法威慑

自古以来，刑罚作为惩治犯罪的手段，具有天然的残酷性。古代刑罚中的酷刑直至现在还能让人不寒而栗，而正因这种残酷性手段所具有的威慑力，使刑法的功能及作用依旧保留。首先，刑法规制严重违反社会秩序的行为、严重侵犯他人权益的行为；其次，刑法在发挥惩治犯罪功能的同时，起到保护法益的作用，即公民在刑法的保障之中，可自由活动。刑法最直接最具影响力的作用即刑法的威慑作用，而维持这种威慑作用的公信力则在于公正司法。

习近平总书记在公正司法的主张中特意提到了一个群体，即政法机关工作人员。政法机关工作人员的行为深刻影响着公正司法的程度。习近平总书记在中央政法工作会议上的讲话中指出，旗帜鲜明地反对腐败，是政法战线上必须打好的攻坚战。我们应以最坚决的意志与行动扫除政法领域的腐败现象。习近平总书记在十八届中央政治局第五次集体学习时的讲话中指出，要加强反腐倡廉党内法规制度建设，加强反腐败国家立法，提高反腐败法律制度的执行力，让法律制度刚性运行，尽快形成内容科学、程序严密、配套完备、有效管用的反腐败制度体系。人员的腐败尤其是政法机关工作人员的腐败，直接影响着司法的效果及程度。

（4）全民守法与刑罚预防

新华社题为"带你深刻领会习近平法治思想"的重磅文章提到了当前法治社会中一份温暖的成绩单：我国每十万人命案发生数处于世界最低水平，人民群众对社会治安的满意度达95.55%。这体现了我国的全面依法治国水平。社会治安水平的提升关键在人，其次为治。在刑事法律领域中，刑罚的任务在于治，同时也在于防，而预防的受众为"群众"，即社会的一般人。在刑罚的功能及作用中预防作用占据极大的比例，因其惩治"对象"为"众"。

刑罚的预防作用针对受众不同可分为两种：一种为特殊预防，针对已犯罪的犯罪人；另一种为一般预防，针对社会中的一般人，即对一般守法者的肯定，以及对个别妄图违法者的威慑。这在全民守法的概念中有所体现，全民守法的前提为了解法律的威慑力并畏惧规则，若触犯规则，我国的惩治制度中还存在社区矫正的理论，此理论也同样能从马克思主义理论中找到源头。

（九）诉讼与非诉讼程序法

1. 诉讼与非诉讼程序法的内容

诉讼与非诉讼程序法是规范解决社会纠纷的诉讼活动与非诉讼活动的法律规范。诉讼法律制度是规范国家司法活动解决社会纠纷的法律规范；非诉讼程序法律制度是规范仲裁机构或者人民调解组织解决社会纠纷的法律规范。

2. 习近平法治思想中的司法观

2019年1月15日在中央政法工作会议上，习近平总书记全面总结了党的十八大以来政法工作取得的经验和成就，对新时期政法工作进行了全面部署，鲜明地指出要"加快构建优化协同高效的政法机构职能体系"，利用好大数据、人工智能等科技创新成果为诉讼制度改革提供保障，对政法工作人员提出"要旗帜鲜明把政治建设放在首位"，将"专业化建设摆到更加重要的位置来"。司法是政治稳定、社会安定、人民安宁的重要保障。习近平法治思想中的司法观正式确立的标志是2020年11月16日召开的中央全面依法治国工作会议。习近平总书记在该会议上指出："公平正义是司法的灵魂和生命。要深化司法责任制综合配套改革，加强司法制约监督，健全社会公平正义法治保障制度，努力让人民群众在每一个司法案件中感受到公平正义。"这是对司法以及司法改革目标、原则、方法、逻辑等重要问题的集中阐释。司法权是维护社会公正的一项重要权力，它承载着人民对于公共安全、司法公正、权益保障等诉求的殷切希望。新时期只要坚定不移地以习近平法治思想中的司法观为指导，我国司法理论研究与司法改革实践必将迎来新的辉煌。习近平法治思想是在实践进步中彰显强大感召力、创新力、引领力的法治理论体系。习近平法治思想中的司法观是在对我国司法体制改革实践的思考基础之上形成的，是经过实践证明的科学真理。在司法改革实践领域，司法机关坚持以习近平法治思想为指引，用具体行动推动了司法改革的纵深发展，彰显了习近平法治思想的实践品格。

在人民司法改革领域，十八届三中全会以后"人权司法保障"一词作为固定用语大量出现在中央文件中，如十八届四中全会提出的"加强人权司法保障"。法治的根本价值是人权，司法是人权保障的最后一道防线。与以往对人权司法的宏观叙事不同的是，习近平法治思想引导下的人权司法还注重微观层面的制度构建，以人民对司法产品的需求为索引，推出了多项改革措施。最高人民法院2014年颁布了《最高人民法院关于进一步做好司法便民利民工作的意见》，从立案到执行的各个环节都进行了细致部署，为当事人提供"一站式"和"全方位"的诉讼服务，共制定了23项便民措施。随着互联网时代的来临，司法机关主动回应人民对智慧司法的需求，建立了北京、广州、杭州互联网法院。检察机关将"最多跑一次"升级为"一次也不用跑"服务，利用检察公益诉讼改革之契机，针对食品药品安全、生态环境保护、英烈保护等领域开展了多个专项活动；积极推进司法救助与社会救助相融合，为因刑事犯罪和民事侵权给生活造成困境的当事人提供救助，将违法犯罪行为造成的不良社会影响降到最低，为人民创造和谐、稳定、清净的社会环境；建立健全了阳光司法制度，大力推广理性的司法文化，让正义看得见摸得着，有效遏制了司法腐败，维护了司法的民主功能。

在公正司法改革领域，十八届四中全会以来，为加快建设公正、高效、权威的社会主义司法制度，设立了巡回法庭、跨行政区划的法院和检察院，继续推进以审判为中心的诉讼制度改革，最大程度保证司法领域的公平公正。2016 年 10 月 11 日，最高法、最高检联合其他机关印发了《关于推进以审判为中心的刑事诉讼制度改革的意见》。2017 年最高法联合有关部门印发《关于办理刑事案件严格排除非法证据若干问题的规定》，明确了非法证据排除的规则程序，确立了公检法三机关在非法证据排除上的责任。2018 年最高法又制定了关于庭前会议、非法证据排除和一审普通程序法庭调查的三项规程，以深入推进庭审实质化改革。司法机关紧跟时代步伐，以构建公正、权威、高效的司法制度为己任，不断深化司法体制改革，以事实为根据，以法律为准绳，健全事实认定符合客观真相、办案结果符合实体公正、办案过程符合程序公开的法律制度。2020 年 5 月 28 日全国人大审议并通过了《中华人民共和国民法典》，这是新中国成立以来首部以"法典"命名的法律，及时回应了时代和社会的需求。习近平总书记敏锐观察到民事法律与人民利益之间的密切关系，明确要求"各级司法机关要秉持公正司法，提高民事案件审判水平和效率"，最高人民法院及时行动，通过加强重点领域审判指导监督，发布指导性案例，强化类案检索机制，通过信息化手段对民法典实施过程中的新情况、新问题进行动态监测报告等，保障了严格公正司法，确保民法典统一正确适用，这是习近平法治思想应用于新时期司法公正领域的典范之作。

在司法治理改革领域，20 世纪末，中国的司法改革曾强调以专业化为改革方向。进入 21 世纪以后，司法权根据社会治理需求进行了一系列调整，其中最为显著的特征即形式正义与实质正义并重，政治效果、法律效果与社会效果并重，如近年来推行的"马锡五审判方式""枫桥经验""一站式多元纠纷解决方案"等。在诉讼领域推行认罪认罚制度，最大程度消除社会"戾气"，对人民群众来信做到件有回复等，充分发挥了司法的社会治理功能。当下，随着互联网、人工智能和大数据科技的融合与聚变发展，社会发展呈现出快速信息化和数字化特征，司法机关及时推动司法治理模式的变革，运用司法大数据技术推进智慧法院建设，规范司法行为，提升了司法治理的实效，践行了习近平总书记"把深化司法体制改革和现代科技应用结合起来"的重要指示。

在司法监督改革领域，以司法责任制改革为核心，司法机关坚持"谁办案谁负责、谁决定谁负责"，围绕完善体系推行了一系列改革措施，如在审判改革领域，根据《最高人民法院关于完善人民法院司法责任制的若干意见》建立了"四类案件"的识别和监管机制，完善法院院长、庭长对"四类案件"的发现机制、启动程序和操作规程，尤其是对庭长如何运用审判监督权、提升审判监督管理水平做出具体要求。司法责任制的关键是处理放权与监督之间关系，通过建立审判权责清单，明确了庭长、合议庭、法官之间关系，防止领导干部不当插手案件，借助日常考核系统强化了责任清单的监督功能。在检察监督方面，最高检创新提出了"案件比"概念，通过对比发生在群众身边的案件与进入诉讼程序的案件，加强了内部监督管理，将"案件比"与司法责任挂钩，督促检察办案人员积极回应人民群众需求，间接打通公众参与检察监督的渠道。2021年，全国政法队伍教育整顿工作全面铺开，全国政法机关进行了一场刀刃向内的自我革命，着重解决强化政治纪律建设，坚决整治违纪违法问题。政法队伍教育整顿活动是促进公正司法、强化司法监督的重要举措之一。

在司法职业改革领域，司法职业改革是法治工作队伍建设的重要方面。2019年《中华人民共和国法官法》和《中华人民共和国检察官法》全面修订，其围绕全面推进高素质法官、检察官队伍建设制定了一系列措施，如初任法官必须通过国家统一法律职业资格考试，法院院长需有法律专业知识背景和法律职业经历，副院长和审委会委员应当从法官、检察官或者其他具备条件者中产生，从教学科研人员或律师中选拔法官，等等，贯彻和落实了习近平总书记关于加强法治专门队伍教育培训的指示，在《中华人民共和国检察官法》中增加了"检察官的职业伦理"内容，旨在打造德法兼修的检察职业人才队伍。领导干部是贯彻和落实全面依法治国的推动者，2016年12月14日，中共中央办公厅、国务院办公厅印发了《党政主要负责人履行推进法治建设第一责任人职责规定》，明确了党政主要负责人在落实依法治国各项任务中的主体责任。

（十）地方性法规

我国人口众多，历史悠久，地域辽阔，发展很不平衡，情况千差万别。特殊的国情和实际，以及这种立法体制和权限的划分，决定了地方立法有自己鲜明的特点。一是空间大。我们国家不实行联邦制，但党中央精神和很多法律规定都有一个如何落地、如何接地的问题，很多事情需要结合地方实际来具体化，需要地方性法规发挥应有的作用，解决好法治通达群众、通达基层的"最后一公里"问题。二是灵活性大。具体到某一地方性法规，有细化性内容，有衔接性内容，有延伸性内容，有独特性内容，也有探索性内容。三是针对性强。便于开展"小切口"立法，聚焦所要解决的问题，确定小一些的题目进行专门立法。这在全国立法层面不容易做到，在地方立法中就比较容易做到。四是集合性强。地方立法工作要结合中央精神。

新中国成立初期，由于新的社会制度正处于创建和形成时期，中央还没有实行高度集中统一的权力体制，地方享有较大的权力，中央和地方都具有立法权。1954年宪法强化了中央集中行使立法权的国家立法体制，规定全国人民代表大会是行使国家立法权的唯一机关，地方各级人民委员会依照法律规定的权限发布决议和命令，但同时也明确了自治地方的立法权。虽然从法律方面有效地保证了中央权力的高度集中统一，但也带来了一些问题，不利于地方积极性的发挥。1978年12月，时任全国人大常委会委员长的叶剑英同志在中央工作会议闭幕会上指出，我国的社会主义法制从新中国成立以来，还没有很好地健全起来。从1979年到1986年，我国赋予了省级地方和较大的市地方立法权，地方行使立法权的基本局面形成。1979年赋权以来，地方人大及其常委会行使地方立法权有以下几个阶段。

1. 起步阶段

1979年8月开始，我国各地区陆续成立人大常委会，并开始行使地方立法权。1982年9月，党的十二大明确提出建设有中国特色的社会主义的重大命题和人民物质文化生活达到小康水平的战略目标，明确了改革开放的性质、方向和目标任务。围绕中央的改革决策和部署，地方立法开始结合地方实际进行探索。

2. 市场经济建设阶段

1992年邓小平同志发表南方谈话，党的十四大明确了建立社会主义市场经济体制的改革目标，提出了20世纪90年代加快改革开放、推动经济发展和社会全面进步的主要任务。这个阶段，最突出的是从1993年至1997年五年间，一些省市年均立法都在20件次左右，其中经济立法占很大比重，有些甚至达到50%以上。比如，上海市20世纪90年代的地方立法聚焦在与市场经济相适应的经济立法上。仅1993—1998年，上海市第十届人大及其常委会制定地方性法规59件，占1980年上海市人大常委会行使立法权以来上海市地方性法规总数的近一半，其中属于经济方面的法规有31件，占52%。这一时期，主要是围绕全国人大常委会提出的努力构建社会主义市场经济法律体系的目标积极推进地方立法。

3. 协调推进阶段

党的十六届三中全会提出了科学发展观，要求按照城乡、区域、经济社会、人与自然、国内发展和对外开放"五个统筹"的要求，完善社会主义市场经济体制。党的十七大提出了全面贯彻落实科学发展观的重要任务。这一阶段，各地立法的主要特征包括：一是注重经济领域立法。完善预算管理、转移支付、金融风险控制、劳动监察等方面的立法以及相关法规。二是注重社会主义民主政治。完善人大制度、基层群众自治制度，制定或者修改了人民代表大会议事规则、常委会议案规定、常委会听取专项工作报告办法、代表建议办理条例等法规。三是注重社会领域立法。各地制定了道路交通安全、突发公共卫生事件应急、社会保险基金监督、志愿服务、烟花爆竹管理、房屋装饰装修管理等方面的法规。四是注重加强文化领域立法。制定了公共文化促进、非物质文化遗产保护、历史文化名城保护、全民健身等方面的法规。五是注重加强生态环境保护领域立法。制定了森林保护、水污染防治、噪声污染防治、节约能源等方面的法规，努力从法律制度上解决经济发展与环境资源保护的矛盾。

4. 深化改革阶段

党的十八大报告指出，"法治是治国理政的基本方式"，"要推进科学立法、严格执法、公正司法、全民守法"，"完善中国特色社会主义法律体系，加强重点领域立法"。党的十九大提出推进科学立法、民主立法、依法立法，以良法促进发展，并提出了全面建成小康社会后国家治理方面两个"十五年"的奋斗目标，即从 2020 年到 2035 年，法治国家、法治政府、法治社会基本建成，各方面制度更加完善，国家治理体系和治理能力现代化基本实现；从 2035 年到 21 世纪中叶，实现国家治理体系和治理能力现代化。这一时期，地方立法贯彻党中央的决策部署，着力推动当地经济发展的同时注意保障生态、民生、民主、城乡管理等，既适应地方的实际需要，又避免重复立法、维护法治统一。

第二节　政治生活中的法律

一、选举权与被选举权

按照我国教育制度，步入大学校园的大学生大多已是年满 18 周岁的公民。我国宪法赋予了其选举权和被选举权这一公民基本政治权利，通过参与选举活动，可以逐步提高大学生的政治参与水平。大学生进行政治参与对大学生的生活、学习和成长都具有非常重要的意义。大学生在形成独立人格时，就对政治具有期待，每一个青年大学生，身上都洋溢着报效祖国之情和强烈的建设祖国之心。他们在进行政治参与的时候，首先关注新时代政治，接着形成自己的政治认知，最后，积极参与新时代政治。在政治参与这一过程中，大学生不断提高自己的理性选择和理性思考能力，有利于促进大学生的思维层次提升和政治责任感的养成。

二、政治自由

（一）言论自由

1.传统意义上的言论自由

言论自由也称表达自由。宪法仅规定了公民享有言论自由的权利，但是并没有对言论自由的概念做出具体界定，法律上的言论自由不是非常明确。学界对言论自由的定义较多，至今为止并没有形成一个统一的认识。其中多数学者认为言论自由的定义有广义和狭义之分。如，甄树青认为，言论自由是公民言谈行为的自由，不应受到非法干涉，言论自由与宪法上的出版等自由并列，表达的形式应该是狭隘的。林来梵认为，狭义的言论自由仅指的是以口头表达为形式的言论自由，广义上的言论自由是公民通过各种语言形式表达、传播自己的思想、观点、情感等内容的自由。侯健认为，言论自由就是将自己所见所思表达出来的自由，广义的言论自由包括新闻出版、艺术表达等表现形式，而狭义的言论自由则不包括上述表现形式。这些表述对言论自由的定义各不相同，都有其合理之处，从自由与人的联系出发，逻辑自洽地进行阐述，体现了言论自由是人类基本权利的本质，揭示了言论自由与个人紧密的联系。上述学者都认为言论自由是将自己的想法表现于外的自由，其中包含了两个要素，一是思想，二是表达，两者相辅相成、不可或缺；同时也都认为言论自由的广义表现形式是狭义言论自由的一种扩大。

综上所述，言论自由是人的一项基本权利。狭义的言论自由范围较小，仅包括口头及书面等表现形式，广义的言论自由扩大了自由行使的方式，包括新闻、出版等。鉴于言论自由的表达方式日益丰富，对其做广义的理解较妥，更能切合广大群体的情感依托和价值认知。我们可将言论自由理解为"公民通过口头、书面及各种表达方式表达自己所思所想的自由"。

2.网络发展中的言论自由

网络言论自由依托于技术的发展，是言论自由在网络空间中的应用和延伸，是人们在网络空间主动地表达所思所想的自由。互联网技术起源于阿帕网，主要是为建立一个通信网络，通过电子邮件等功能快速地实现信息共享。这种实现信息共享的技术特征为言论自由的行使提供了极大的便利，使得全球各地的人能够聚集在网络空间中利用技术进行交流，打破了传统交流的时间、地域限制，实现了各地人们的无障碍沟通。目前，互联网基本上成为我国公民日常生活的一部分。据最新数据显示，截至 2020 年 12 月我国互联网普及率达 70.4%，这意味着，我国多数网民都能利用互联网进行无障碍交流，实现信息共享。互联网明显扩宽了人们行使言论自由的方式和范围，使得言论自由在网络空间中得到扩展。第一，从主体上看，在网络环境下，网络言论行使的相关主体除了公民个人外，还衍生出了次要的主体，即有助于网络言论传播的网络服务提供者。第二，从客体上看，网络言论所指向的对象在技术的加持下，能够从个人向不特定的人群传播，客体的受众范围更广。第三，从表达方式上看，网络言论自由的表达方式多样化，可选择面广，网络社交平台由早期的 QQ 逐渐扩展到了微信、微博、抖音等。这种由技术带来的行使方式和范围的变化，实质上与传统的言论自由一样具备共同的内涵及逻辑结构，是个人权利的应有之义，包含表达的自由和思想的自由等内容，有完整的主客体对应的表达模式。因此，网络言论自由其实就是言论自由在网络空间的延伸。网络言论自由有以下特征。

第一，表达的持久性。网络技术具有数据储存功能，能够持久储存网络言论。公民只需要在社交平台注册一个账号就能在该平台上搜集和传播信息，这个账户在互联网上一般具备网络储存的功能。如早期的 QQ，用户可以在 QQ 空间中储存照片、视频和文字。如今，社交平台不止 QQ 这类软件，包括但不限于微信、微博、小红书、B 站等。公民在社交平台上发表言论的可能性在不断增大，这些信息一经发表，除非用户自己删除或者平台依法删除，否则信息将会一直保存在互联网上。这也就使得网民上传的信息一直处于一种公开、对世的状态，网民上传信息的行为也被推定为"有面向网络公开"的意思表示，接受该平台服务器储存和读取有关信息，从而默认让渡一部分读取个人信息的权利给予网络服务提供商，导致在任何时间、任何地点，其他人都有可能通过互联网合法地悉知、收集、传播该信息。从这点来说，互联网的记忆可以说是"永久性的"，已发信息在不断地、持续性地向不特定的人传播，信息的传递一直保持持续的状态。

第二，传播的广泛性。网络空间连接世界各地，使得网络言论在一定程度上能够在世界范围内传播。从互联网的设计理念来看，互联网去中心化、去等级的网络设计理念，使得网络空间由无数个去中心、无等级的节点构成的技术集合所构建，它开放、松散，所有的计算机都处于各自的中心地位。网络言论在互联网去中心化的影响下呈现开放、松散、无中心的状态，进而使得言论能在这种无数的去中心的、无等级的节点技术集合中带有无中心、无等级、向世界各地广泛传播的特性。从言论传播的模式来看，传统的言论传播主要以官方媒体为主导向社会公众传播，纸质化的内容及模式注定了传播的范围及影响具有局限性。而网络言论的传播则呈现出主体—网络服务提供者—客体的三方模式，较传统言论而言，传播的模式变得更加复杂和广泛，人们之间的联系模式由原来较为单一的模式变得复杂和多样化。理论上，在网络空间中任何人都有可能产生联系，而且这种联系具有不确定性，个人无法获知在互联网的另一端与其联系的是什么人，有怎样的联系圈子，从而无形中扩大了网络信息的传播范围，加深了网络言论传播的复杂性。

第三，便捷性。网络言论自由的便捷性指，网络言论的行使跨越了时间、空间、身份等的限制而给予信息传播以极大的便利，实现了信息的即时共享。纵观互联网发展的历史，网络发展在很大程度上促进了通信技术的发展，而通信技术的发展就是在互联网的基础上建立的。2014 年华为首次提出 5G 的概念，并且不断地从网络技术领域推动通信技术的进步。相比 4G 网络 100 Mb/s 以上的数据传播速度，如今我国手机网络通信已逐渐从 4G 网络向 5G 网络过渡，信息数据的传播速度在不断加快。这为网民上网和信息交流提供了很大的便利，以至于随手拍照发朋友圈、制作网络短视频、网络直播变得稀松平常，融入了人们的日常生活，使得人们交流不再受地域和时间的限制。只要有网络和通信设备，就能接收和传播信息，公民网络表达变得更加自由、高效。

第四，匿名性及非理性。网络技术塑造的网络空间是虚拟的，并不要求网民以真实身份在网络中活动。在互联网发展之初，网民上网并不需要提供真实的身份信息，公民在网络空间中的活动完全通过匿名交流来完成。之后由于匿名带来了网络侮辱、诽谤等负面影响，2014 年国家通过《即时通信工具公众信息服务发展管理暂行规定》确定"前台自愿，后台实名"的网络实名制度，尽管如此，许多网民还是能够通过各种手段匿名上网。以韩国网络实名为例，实名制并不能有效遏制网络言论带来的负面影响，反而导致网民的个人信息被盗用，并伪造身份注册上网，实名制实际上与匿名无异，网络言论的匿名特征仍然十分突出。在平常的表达中，人们的言论可能因为身份、立场、规章制度、情感态度等受到约束，往往压抑自己内心的真实想法，不表达或者言不由衷。但在网络空间中，网民之间并不知道对方是谁，也不了解其具体信息。网民可以不受现实中各种因素的约束而在网络空间中畅所欲言，将自己内心的想法完全地表达出来，从而实现言论的自由。同时，网络言论的匿名特征往往伴随着网络言论非理性的特征。网民可以在网络世界以虚拟身份进行交流，这种虚拟身份与现实相分离，现实中想说的、不想说的都能借助虚拟身份加以表达。一方面，网民可以抛却现实的影响，积极表达自己的想法，参与政治生活，促进民主监督；另一方面，网络的匿名性也淡化了公民的规则意识、道德意识，导致网络表达呈现非理性的特征。

第五，平等性及开放性。网络技术是中立的，只要具备上网条件，它对所有人都平等开放。网络言论自由的平等性和开放性体现在网民上网条件的设置上。目前，我国除一些偏远地区外，基本上实现了网络全覆盖，手机的普及率较高，手机上网比例高达 99.7%。由此可见，在我国，上网并不是一种特权，只要有网络和设备，任何人都能进入网络空间中，网民不因成长的环境、受到的教育、人生的经历不同而受到限制。网络技术的发展真正实现了话语权由传统的精英阶层向平民阶层的过渡。不过这样的转变也带来了一些负面的影响，那就是网民的表达变得更加任意、粗糙、杂乱。

3. 言论自由相关法律

中国共产党自始至终都将保护人民的言论自由作为自身的使命与担当，在一系列重要文件中都明确了人民的言论出版自由。在根据地民主政权建设时期颁布的宪法性文件中，也都确认了人民的言论出版自由。1934 年 1 月，第二次全国苏维埃代表大会修正通过的《中华苏维埃共和国宪法大纲》是以根本大法的形式对言论、出版自由的确认。1939 年陕甘宁边区第一届参议会也在《陕甘宁边区抗战时期施政纲领》这一具有临时宪法性质的文件中确认了"保障人民言论、出版……之自由"。抗日战争时期，为了促进国共合作的实现，中共中央曾专门致电国民党五届三中全会，以自身的让步为条件对国民党做出了五项要求，其中一项即"保障言论、集会、结社的自由"。1949 年通过的《中国人民政治协商会议共同纲领》第五条规定了人民的言论、出版自由权。1954 年第一届全国人民代表大会通过的中华人民共和国第一部宪法，也确认了公民的言论与出版自由权。现行《中华人民共和国宪法》（以下简称《宪法》）关于言论自由的条款有第 35 条、41 条、51 条、53 条、54 条等，其中第 35 条明确了言论自由的法律地位，即我国公民享有言论自由的权利，其他条款也对言论自由做了相应的补充。上述条款主要规定了以下三个方面的内容：一是言论自由行使的内容。言论自由行使的内容不仅包括政治性的言论还包括非政治性言论，内容广泛。《宪法》第 35 条直接点明我国公民享有言论自由，之后《宪法》又在第 41 条中提出公民有对国家工作人员提出批评、建议的权利。从文意解释的角度来看，《宪法》并没有严格区分言论自由指的是政治性言论还是非政治性言论，其将言论自由的规定放置于公民的基本权利和义务的章节之下，因而不能将言论自由的内容仅仅理解为政治性言论，第41条的内容应涵摄在第35条的内容之中。二是言论自由行使的限度。言论自由具有相对性，需要兼顾权利与义务的统一，负有不能破坏社会制度、煽动民族分裂、破坏社会秩序、违背社会道德及侵犯国家、集体利益和他人合法权益等义务。三是言论自由的地位。言论自由是公民的基本权利，也是公民行使言论监督的重要方式。《宪法》第41条专门确定了民主监督的地位，从宪法层面鼓励公民参与政治生活，赋予公民对国家工作人员违法行为的监督权利，但不能捏造事实、诬告、陷害，不能故意滥用监督权利。由于宪法是根本法，宪法条文内容具有一定的原则性和概括性的特征，言论自由条款的内容并不具体明确，但这些条款总体上已从内容、限度、地位等方面对言论自由做了初步规定，是我国法律规制网络言论自由的法律根基。由此可见，无论任何时期，党都将对人民言论、出版自由的保护置于重要地位，通过根本大法或者宪法性文件的形式对人民的言论、出版自由予以明确规定，并积极地履行言论、出版自由保护职责，这对我国建设具有十分重要的意义。

自20世纪90年代引入互联网以来，我国法律逐渐关注互联网领域，出现了大量关于互联网的法律规定，关于网络言论自由的规定也寓于其中。这些规定囊括了法律、行政法规、司法解释、部门规章等多个层级。

其一，法律层面，主要有2016年通过的《中华人民共和国网络安全法》（以下简称《网络安全法》）和2000年的《全国人大常委会关于维护网络安全的决定》（以下简称《决定》）。《网络安全法》的内容侧重于维护网络安全，包括规定国家管理网络的统筹工作、分配网络运营商维护安全的责任，涉及个人信息维护、网络主权、网络实名、网络安全审查等内容，但较少涉及网络言论。《决定》的内容较少，仅有七条，但还是规定了网络言论不得破坏社会制度、国家安全，虚假宣传及侵犯他人权益、商业信誉等方面的内容。但《决定》仅仅只是全国人大常委会颁布的一项文件，效力始终不及法律，在规制网络言论自由上发挥的作用有限。

其二，行政法规，主要包括《中华人民共和国电信条例》（以下简称《电信条例》）第57条、《计算机信息网络国际联网安全保护管理办法》第5条、《互联网上网服务营业场所管理条例》第14条等，这些条款中均有条文对网络言论做出规定，明确在法律条文中表明，言论自由不得违反宪法、不得涉及宣扬封建迷信、暴力、色情等信息，内容比较完善。

其三，司法解释，主要包括《关于办理利用信息网络实施诽谤罪等刑事案件适用法律若干问题的解释》(以下简称《诽谤等刑事案件的司法解释》)的共 10 条内容、《关于审理利用信息网络侵害人身权益民事纠纷案件适用法律若干问题的规定》第 9 条等，以司法解释的形式对网络言论涉及侮辱、诽谤和名誉侵权方面的内容做出了相应的解释，其中在《诽谤等刑事案件的司法解释》中更是积极从法律的特性考虑，将网络言论被点击及转载浏览的次数作为诽谤罪情节严重与否的依据。

其四，部门规章，主要包括《互联网电子公告服务管理规定》第 9 条、《互联网出版管理暂行规定》第 17 条、《网络信息内容生态治理规定》第 6、7 条等，涉及了网络言论，从国家、社会、个人等多方面就网络言论的内容做出规定。

此外，还有《中华人民共和国刑法》《中华人民共和国治安管理处罚法》等的相关条款也涉及网络言论。这些条文主要以列举的方式规定言论行使的禁止性内容。我国学界将其概括为"九个不准"和"七条底线"。"九个不准"即《互联网用户账号名称管理规定》第 6 条规定的九项内容；"七条底线"即 2013 年由国家互联网信息办提出，网民在行使网络言论时候必须坚守法律、社会主义制度、国家利益、公民合法权益、公共秩序、社会道德、信息真实的底线。这两个规定大致确定了我国规制网络言论的基本界限。总体而言，我国涉及网络言论的法律规定数量广泛、内容较多，为法律规制网络言论自由提供了许多立法上的依据，以法律法规为主体的互联网管理框架基本形成。

（二）出版自由

1. 出版自由的概念

出版自由是我国公民的基本政治自由，是公民在宪法、法律规定的范围内享有和行使的政治权利。出版自由概念并不统一，法律也没有具体的相关文字概念。本书认为出版自由指的是公民通过从事著述、出版、印刷、发行等活动，在法律范围内传播、表达自己思想的自由。

2. 出版自由的相关法律

中国共产党历来重视宣传工作，其中最为重要的组成部分之一是出版工作，甚至在相当长的历史时期内，出版工作占有举足轻重的地位。出版法制是出版工作的保障，在保护出版关系主体的权利、规范出版秩序方面具有重要作用。建党百年来，中国共产党在出版工作管理实践中形成的经验智慧对于出版法制体系的构建具有极强的指引作用。

目前出版法制体系已逐渐构建完成，主要由行政法规、部门规章及其他规范性文件构成。2001 年新闻出版总署成立，2013 年与国家广播电影电视总局职责整合，组建国家新闻出版广播电影电视总局（简称"国家新闻出版广电总局"）；2018 年，中共中央公布《深化党和国家机构改革方案》，将国家新闻出版广电总局的新闻出版管理职责划入中央宣传部。中央宣传部对外加挂国家新闻出版署（国家版权局）牌子，并不再保留国家新闻出版广电总局，组建国家广播电视总局。这些专门管理新闻出版的行政部门颁布了大量的规章，对当时的新闻出版活动起着较为全面的调整作用。这一时期国务院颁布的行政法规主要有《外国记者和外国常驻新闻机构管理条例》《音像制品管理条例》《电影管理条例》《出版管理条例》《印刷业管理条例》《广播电视管理条例》等；国家新闻出版署也曾颁布过一系列的部门规章，如《新闻出版保密规定》《期刊管理暂行规定》《加强书报刊印刷管理的若干规定》《报纸管理暂行规定》《音像制品出版管理办法》《音像制品复制管理办法》等；新闻出版总署颁布了《报纸出版管理规定》《期刊出版管理规定》《电子出版物出版管理规定》等；国家新闻出版广电总局也曾颁布过《出版物市场管理规定》等。互联网的应用和普及使新闻出版秩序在世纪之交曾面临着极大的挑战，对此，国务院制定了《互联网信息服务管理办法》《互联网上网服务营业场所管理条例》等行政法规，此外还有包括《网络出版服务管理规定》《互联网电子公告服务管理规定》《互联网站从事登载新闻业务管理暂行规定》《关于进一步加强网络文学出版管理的通知》等在内的部门规章及其他规范性文件共同调整着互联网领域的新闻出版传播秩序。

虽然已经形成了行之有效的新闻出版法制体系，但该体系还存在着法规效力位阶较低等一些问题。2020 年《中华人民共和国民法典》（以下简称《民法典》）的制定通过，在很大程度上弥补了新闻出版传播法制体系建设中存在的问题，使得我国的新闻出版法制体系建设更加均衡和完备。在网络出版常态化的当下，《民法典》的颁布将为网络出版带来良好的规制与法治保障作用。《民法典》将民事主体界分为"自然人、法人和非法人组织"的规定，为我们准确理解网络出版主体资格的界定与调适指明了方向。《民法典》合同编的有关规定切实解决了网络出版合同的实质问题和形式问题。《民法典》关于知识产权与人格权以及侵权责任的有关规定则为网络出版的核心权益保护和侵权责任认定提供了规则指引。此外，《民法典》还在人格权编专门针对新闻媒体进行新闻报道、舆论监督时享有的豁免进行了规定。民法典第九百九十九条规定"为公共利益实施新闻报道、舆论监督等行为的，可以合理使用民事主体的姓名、名称、肖像、个人信息等"，同时也规定因不合理的使用侵害他人人格权的，应当承担相应责任。这是关于新闻媒体报道享有的豁免的一般规定，是"《民法典》规范媒体行为及责任的最重要的原则性、核心性的条文"。同时，《民法典》也在肖像权和名誉权保护的具体条款中对新闻报道的豁免做出了专门规定。新闻报道享有豁免的另一端是对他人权利的合理避让。根据《民法典》的规定，新闻媒体需要遵循的义务有：对人格权的合理保护义务，媒体对姓名、肖像、个人信息的使用应当在合理限度内，否则应承担侵权责任；合理核实义务，如果新闻报道的内容由他人提供，则媒体需要对该内容尽到合理的核实义务，否则就要对因报道侵犯他人名誉权的行为承担责任；民事主体的更正权，如果民事主体有证据证明媒体报道的内容失实侵害其名誉权的，有权请求媒体采取更正、删除等措施。

我国著作权立法与新闻出版工作的开展互为支撑，《中华人民共和国著作权法》（以下简称《著作权法》）对出版传播秩序、传播者利益的保护都有相应的立法设计。如第四条规定了"国家对作品的出版、传播依法进行监督管理"，在有关条款中对图书出版者根据约定享有的专有出版权的保护、出版者的版式设计权、录音制作者以及广播组织的权利都做出了专门的规定。2020年修订通过的《著作权法》对新闻出版领域的作品权利归属、作品使用规则进行了调整，并拓展了邻接权的保护范围。总体来说，本次修法回应了新闻出版实践中多发的纠纷类型，对减小新闻出版过程中作品使用及管理的制度成本、加强传播者利益的保护具有重要意义。在作品权利归属上，明确"报社、期刊社、通讯社、广播电台、电视台的工作人员创作的职务作品"除署名权之外的权利由法人或非法人组织享有。在作品类型的规定上，采取了作品类型开放的立法进路。在权利类型的设计上，扩大了广播权的范围。本次修法将之前《著作权法》排除保护的"时事新闻"修改为"单纯事实消息"，使立法用语更为准确和符合制度原理。在合理使用情形的规定上，将刊登或播放其他媒体已经发表的关于政治、经济、宗教问题的时事性文章的合理使用例外情形由"作者声明不许刊登、播放的除外"修改为"著作权人声明不许刊登、播放的除外"，因此，今后取得上述时事性文章著作权的媒体也可以做出禁止其他媒体使用的声明。在编写出版教科书使用作品法定许可的规定上，删除了之前立法中"作者事先声明不许使用"的除外规定，并在可以使用的作品类型中增加了"图形作品"。据此，今后无论作者是否声明不许使用，在实施义务教育和国家教育规划而编写出版教科书的过程中，都可以依照法定许可更便利地对作品进行使用。本次《著作权法》的修改也扩充了邻接权的范围，赋予了录音制品制作者对在有线或者无线传播和机械表演中使用录音制品的获酬权。在广播组织者权的规定上，扩张了广播组织的权利范围，将所有以有线或者无线方式转播广播组织播放的广播、电视的行为都纳入了广播组织者权控制的范围。此外，本次修法还赋予了广播组织者对"其播放的广播、电视通过信息网络向公众传播"的行为进行控制的权利，总体来说加强了对广播组织的保护。

我国新闻出版法制体系的构建正在走向完善，党的政策的法制化程度不断提高。在新闻出版主体的权利与义务、公民的权利与义务及新闻出版中的行政管理方面，形成了以《宪法》《民法典》《著作权法》《电影产业促进法》为主体的较为完备的行政法规、部门规章及规范性文件相配套的新闻出版法制体系。尤其是《民法典》的出台，在很大程度上确认了新闻出版者进行新闻报道、舆论监督的权利，对新闻出版法制体系的构建具有历史意义。

（三）结社自由

1. 结社自由的概念

人生来就是适合群居的生物，结社是公民的正常需求。结社在现实生活中司空见惯。人每天都生活在各种形形色色的社团活动之中。结社权是人的自由权的一小部分。结社是指自主的个人联合起来进行自治；结社是公民参与国家政治生活的重要实践途径；结社是值得重点保障的公民的基本权利之一。

结社一般而言是公民为了某一共同的宗旨或目的，依照法律规定的程序自愿地结成一定的社团或组织，进行社团团体的活动，以弥补个人微薄之力的不足，以此来达到结社预期的目的。我国现行《宪法》第三十五条规定，公民享有结社的自由。《世界人权宣言》第二十条规定了这项基本人权：人人有权享有结社的自由；任何人不得迫使他人隶属于某一团体。结社自由条款保护社团的参加者以及组织者，结社自由也体现了公民对于自由权利的渴望与需要，具有重要的社会价值。

2. 结社自由的相关法律

我国涉及结社自由的相关法律主要有《中华人民共和国宪法》《社会团体登记管理条例》和《民办非企业单位登记管理暂行条例》。自由结成的社会团体必须遵守基本的法规道德，要遵守宪法、法律、法规。各类社会团体的登记管理机关或业务主管单位一般是国务院有关部门以及各级人民政府有关部门。登记管理机关以及业务主管单位对自由结成的社会团体的活动进行监督与管理。登记管理机关对社会团体履行的监督管理职责主要体现在社会团体从生到亡的过程中。业务主管单位对社会团体履行的监管职责主要体现在各种事前的审查上以及协助登记管理机关查处违法行为等。

（四）集会、游行、示威自由

法律对集会、游行、示威自由有相关的解释。《中华人民共和国集会游行示威法》第二条规定：本法所称集会，是指聚集于露天公共场所，发表意见、表达意愿的活动。本法所称游行，是指在公共道路、露天公共场所列队行进、表达共同意愿的活动。本法所称示威，是指在露天公共场所或者公共道路上以集会、游行、静坐等方式，表达要求、抗议或者支持、声援等共同意愿的活动。我国对集会、游行、示威自由进行规定的相关法律并不多，主要包括《中华人民共和国宪法》《中华人民共和国集会游行示威法》和《中华人民共和国集会游行示威法实施条例》。

第三节　家庭生活中的法律

一、"家"在《民法典》中的体现

在中国社会生活和法律规定中，"家"是一个极有弹性的概念，家庭的功能具有伸缩性和多重性，亲属、家庭成员也具有层次扩展性。《民法典》第1045条第3款对"家庭成员"的范围做了界定。"亲属称呼甚至可用到没有亲属关系的人身上。……原因其实是在'叫得亲热一些'。"家对中国人由内及外影响至深，家塑造着中国人的思维，差序格局从家庭开始往外延展，家国天下以家为起点。家庭具有敬老育幼、情感陪伴、经济合作等多重功能，家庭成员之间的合作是全面合作。家涵盖了人生命的完整阶段，每个家庭成员的自由全面发展是一切家庭成员自由全面发展的条件。

二、习近平新时代家庭观念

《民法典》婚姻家庭编在体系编排和规范内容上接纳和体现了个体－家庭离合关系观。亦即，婚姻家庭是由不同主体依照法律规定的条件和程序构建的联合体，其内部关系具有如下特点：①个体－家庭关系是动态的，在不同的家庭生命周期呈现出不同状态，或相互拒斥，或相互融合，或相互竞争；②个体－家庭关系存在性别立场，这种性别立场与婚姻家庭领域普遍存在的性别分工、性别地位存在相关性，但更加直接地受到特定婚姻家庭中不同主体利益需求及博弈能力的影响；③个体－家庭关系的基本权利边界及利益格局（人身权益、财产权益等）或依法律规定或依法律约定，而其协调及运行则时时依赖个体成员的商议、合意和决策，在此意义上，它既是公共的又是隐秘的，既是法定的又是自发的。

《民法典》婚姻家庭编的家庭观折射出传统家庭观的没落，显现出家庭本位观的危机，并最终突破家庭一体观的局限，致力于以个体本位为基础的家庭治理新路径：家庭成员的姓名权、人身自由权等回归民事权利体系，婚姻家庭对不法行为、伤害行为所具有的屏障效应正在逐步清除；家庭成员在婚姻家庭共同财产中的权益和责任更加明确，积极财产可以析分，消极财产可以划界，非物质贡献可以补偿。

同时，《民法典》上承《宪法》，于婚姻家庭编第 1041 条郑重宣示"婚姻家庭受国家保护"，一方面指向私法中的婚姻家庭权益，另一方面导向社会保障和社会福利范畴中的家庭友好政策，以多重解释意蕴开辟出家庭发展观的法治面向。在领域法视野下，民法典的这一宏愿应通过超越私法范畴、横贯实体法和程序法的家事法体系建构来实现。

（一）传统的家庭观

1. 家庭一体观的局限

在人类历史上，基于血缘和两性结合而形成的联合体历经氏族、宗族、家族和家庭多种形式的变迁，其中从家族到家庭的转变是近现代以来引人瞩目的关键环节。在工业时代以前，家族共同体的特征是"在严格的孝敬关系的基础上，紧密团结，对外一致，对内实行共产制和消费共有制"。这使得它对外呈现为高度统一的利益共同体。

但实际上，联合体的统一从来都是个体利益纽带下的平衡。联合体中所有成员在联合体生活中的利益、他们适当运用联合体内起作用的每一种力量的过程中的利益、他们在安置每一个联合体成员至其能提供最佳服务之位置过程中的利益、在按照整体需要分配给他权利和义务过程中的利益，这些利益与个人对自己生活的热情、对自己个性的坚持、对自己利益的追求构成了一种平衡。

当家庭规模因适应工业生产对流动劳动力的需求而逐渐缩小，家族共同体转变为由父母和孩子组成的核心家庭，它同时也丧失了大部分生产职能（仅在特殊情形下如家庭作坊、家族企业等保留），渐渐成为单纯的消费和文化共同体，这就使得基于生产职能而产生的利益纽带缺失，个体与家庭的关系趋于松散。不仅如此，从整个社会层面来说，现代性造就了"制度化的个体主义"，即在现代社会中个人在很多层面都不得不面临以下挑战：你可能，也必须在曾经的家庭、部落、宗教、地缘和阶层纽带之外，过自己独立的生活；你必须在国家、就业市场、官僚体制等设定的新规则和指导下这样做。

2. 家庭本位观的危机

除了外在的社会因素改变家庭一体模式之外，个体也可能在利益的驱使下放弃家庭本位理念，即珍视家庭价值、遵守家庭伦理、捍卫家庭关系等。夫妻一方与第三人串通、伪造虚假债务损害另一方家庭成员合法权益便是例证。政策性离婚则是家庭成员共谋设法以获取额外利益的又一奇观：夫妻通过假离婚等非常规方式来规避公共管控，以获取其在婚姻状态下无法企及的政策红利，这种情形下婚姻连同赋予其合法性的婚姻法律制度尽皆沦为工具。如近年来某些地区出台了住房限购政策，购房者为规避契税支出、减少购房首付款，卖房者为减少个人所得税，不惜办理离婚手续，使婚姻俨然成为市场交易的一个环节。除了购房，其他诸如报销采暖费、获得拆迁补偿以及便利孩子择校入学等都有可能成为政策性离婚的诱因。这种"政策性离婚"的普及率令人吃惊，以致其在伦理道德上的缺失并没有引起太多的非议，当事者对之漠然，好事者热心推广，评论者予以体谅。此类离婚事件及其社会反响折射出多方面的社会问题，例如，现代婚姻关系的脆弱、传统家庭观念的消解、公共管控政策与现实资源需求的冲突等。这些问题无一不是家庭本位观面临危机的体现。

（二）新的家庭治理观与发展观

"家是人最完整的存在尺度。""我的心对它所爱的事物是十分依恋的；它长期以来都是只有在同我的家人一起的时候才是一颗完整的心。""天下之本在国，国之本在家，家之本在身。"法律重视家庭，重视家教，重视家风，重视家庭文明建设，以固本开新。家是最小国，国是千万家。家和万事兴，小家的稳定关乎大国的和谐。"欲治其国者，先齐其家。"有学者甚至认为："西方文明源于宗教，中国文化源于家庭。东西方文化差异的节点就在于家庭。……探索属于中国的法治之路不能离开'家'，'家'应该成为构建中国法治主体性的重要资源。"无论是告别家庭还是回归家庭，都掩盖不了绝大多数人始终生活在家庭之中的事实。

1. 私法：确立个人本位下的家庭治理观

面对家庭一体观的局限、家庭本位观的危机，制度层面首先要做的就是厘清现代社会个体－家庭关系本相。毕竟，就其本质而言，国家法仅仅是在追随社会的发展。当社会无法战胜新细胞时，它必须在旧结构中尽可能好地接纳它，必须为新的关系创设新的法律命题。家庭秩序是社会秩序的重要组成部分，使家庭内在秩序融入国家法律规范，正是家庭法的使命所在。

当传统的家庭一体观被现代个体－家庭离合关系所取代，作为制度预设前提的家庭本位观亦必须调整为个人本位下的家庭治理观。这一新模式肯认现代性造就的个体化甚至个体主义，强调家庭是其个体成员共同参与治理的联合体。家庭治理以法律划定的个体权利边界为基础，以家庭成员协商共治为核心，依循法律提供的自治规范体系，构建平等和睦的家庭关系。

德国法学家警醒地意识到婚姻与第三人之间存在冲突、婚姻内部关系存在冲突，因此对《德国民法典》有关规范（第1356、1357条）的把握非常注意个体与家庭的边界：如明确配偶的职业和工作原则上处于家庭领域之外，属于各自的私人领域，只能基于抚养义务和体谅义务间接地与家庭发生联系；又如肯认从根本上决定或改变家庭及其成员生活状况的交易必须由婚姻双方共同决定，以防止配偶一方在这些事务上通过和第三人的合同对另一方进行突袭。《德国民法典》还设立夫妻财产状况登记机制（第1558—1563条），夫妻排除或改变法定财产制、限制或排除家事代理权等都可以申请登记，从而对第三方产生公示效力。关于家庭自治与国家干预的边界，有一例足以说明德国法律对个体权益与公众认知的尊重：1990年10月3日两德统一时规定以财产增益共有制为法定财产制，但允许配偶双方在两年内向法院做出声明，继续保留原先的财产制。

反观我国法定婚姻财产制，从1980年《中华人民共和国婚姻法》（以下简称《婚姻法》）到1993年最高人民法院发布《关于人民法院审理离婚案件处理财产分割问题的若干具体意见》，再到2001年修订《婚姻法》及至后来最高人民法院发布的三个司法解释，其规范体系经历了多次变迁，某些规则发生了根本性的变化，例如婚前财产的权属。在这个过程中，立法、执法、司法诸环节均未释明民众的选择权，于是中国家庭的财产权益格局在悄无声息中发生着巨变，除非当事人有高度的法律自觉，运用约定财产机制固化自己的权益。这反映出我们在立法层面和现实层面尚缺乏家庭治理意识，有待在以后的法治建设中不断普及和增进。

2. 超越私法：构建家庭支持和家庭福利体系

重塑个体－家庭关系的另一个路径，是超越私法范畴构建家庭支持和福利体系。自2011年中央政治局第28次集体学习中提出要"建立健全家庭发展政策，切实促进家庭的和谐幸福"以来，我国家庭发展观的施政理念逐步确立。这一理念与西方国家的家庭政策思想是相契合的，其共同目标都在于由婚姻家庭的稳定和发展促进整个社会的稳定和发展。

家庭政策主要体现在税收制度和福利制度方面。从福利国家的经验来看，税收优惠是家庭福利的重要组成部分。相对而言，我国税收制度对家庭效应关注不够，对家庭福利的支持也比较缺乏。婚姻家庭在税收体制上的利益诉求，主要表现为婚姻家庭支出所享受的税收优惠政策。当代婚姻家庭所承担的主要经济职能表现为三个方面，即抚幼、养老和扶病。由于我国当前社会保障水平远远不敷所需，主要是家庭为其成员承担最坚实的保障责任，故婚姻家庭支出享有税收减免优惠具有毋庸置疑的正当性。从量能课税的原则出发，纳税人的家庭抚养、扶养和赡养义务应优先于其纳税义务，个体生存保障的支出应当在家庭所得总额中减除。我国目前正在推进相关税收优惠改革：根据《个人所得税专项附加扣除暂行办法》，自 2019 年 1 月 1 日起，子女教育、继续教育、大病医疗、住房贷款利息或住房租金、赡养老人等一定额度的支出可在计税中予以扣除。未来在核算扣除额度的科学性和充分性方面，仍有相当大的提升空间。

在社会福利领域，当前应着重从女性就业保护和育儿成本分担两个方面加大家庭支持力度，减少家庭内部协作的性别不公，真正使可持续发展、可协同治理的家庭成为健康、坚实的社会细胞。首先，在新的人口政策基础上应及时跟进相关奖励和扶助政策，使家庭决策与社会需求协调一致，家庭利益与社会利益融合共生。其次，完善女性就业保护政策，优化生育保险、女职工孕产期的权益保护、托幼社会服务等，并落实和推动男职工的陪产假、育儿假等权益，在制度层面强力倡导和支持父亲角色和父亲担当。此外，还应立足我国具体国情和传统文化，通过社区服务和市场服务为家庭养老、家庭照顾提供便利切实的帮助和支持。

总之，在中国大步迈向现代化的进程中，家庭始终是经济发展和社会进步的基础和后盾，并因此承受着巨大的压力和张力，善用制度工具动员社会资源为家庭、家庭成员提供服务和支持，有助于平衡和建设良好的家庭关系，促进家庭发展和治理，使家庭建设和社会建设相互借力、相得益彰。

（三）家事法的贯通

自领域法视角而言，一个不同于传统法律部门划分、跨越公私法律界别的家事法体系已轮廓初现。家事法概念首见于我国法学文献，始于 20 世纪 90 年代初对英国《家事法》的引介。在当时的语境下，对家事法的界定主要以人身法为参照。就此而言，一方面，家事法的概念比人身法狭窄，因为"国籍、居住权、出生和死亡登记以及姓名等问题都不在它的范畴"；另一方面，家事法的概念比人身法宽泛，在于"除去父母和子女的法规外，家事法还包括儿童福利法"，也包括"对受丈夫暴力虐待的妇女提供补偿保护"的有关立法。至于家事法的作用，有英国学者将其分为三个方面：一是当家庭解体时，为调整家庭关系而提供机制和法则；二是向个人提供免受家庭迫害的保护；其三是维护家庭关系的持续。显然，这三个方面都是围绕家庭关系的维系、调整和解除而展开的。所谓家庭对个人的"迫害"应是指家庭暴力，这一"惊人之语"凸显出一个常常被忽略的现实，即负面的个体－家庭关系是客观存在的。

时至今日，家事法的概念应用日益广泛，以之冠名的学术刊物有之、研究专著有之、大型论坛有之，虽无雷霆之势，却也蔚然成风。在学科研究越来越具象、越来越精细的背景下，家事法这一概念反其道而行之，它恰恰是讲求大视野、大格局，力图将所有调整婚姻家庭关系、规制婚姻家庭事务的法律规范——无论是实体法律规范还是程序法律规范，亦不论是公法规范还是私法规范抑或是新兴的社会法规范——尽皆囊括其中，以此构建系统的、建设性的婚姻家庭法律体系。

三、父母子女的关系

（一）父母责任概念的区域统一化

自 1996 年《关于父母责任和保护儿童措施的管辖权、法律适用、承认、执行和合作公约》（以下简称《父母责任公约》）明确父母责任（包括父母权力或确定父母、监护人或其他法定代理人与该儿童人身或财产有关的权利、权力或责任的任何类似的权力关系）概念以来，有关家庭事务法律冲突的规则日益统一，家庭法不仅在国际私法领域存在着统一化的成果，而且在实体法领域不断协调和统一。当代各国在亲子法实体法方面慢慢靠近，多数国家确立了儿童利益最大化原则，部分国家率先改用父母责任概念。父母责任是父母、监护人或其他法定代理人与该儿童之间的权责关系，为照顾儿童人身和财产利益而产生的职责。父母责任不再是父母的权力，而转向父母的职责。该概念将父母的责任扩大到第三方，赋予更广泛的群体，允许将其法律关系授予子女父母以外的人。父母责任概念具有权利与义务融合性、灵活性等特征。《父母责任公约》中父母责任概念的出现，是亲子法区域性统一化的典型例证。

除了海牙国际私法条约中关于父母责任的统一化成果，在国际性、区域性人权公约的影响下，亲子法实体法也呈现统一化雏形，充实了父母责任概念的内涵并促进父母责任制度的国际性统一化。在国际人权条约层面，1989年联合国《儿童权利公约》提出了诸如不歧视以及共同的父母责任观，从而影响了统一实体法的发展，子女本位的立法理念在当代各国逐步确立。在区域性人权条约中，享有"欧洲基本权利宪法的地位"的1950年《欧洲保障人权和基本自由公约》（以下简称《欧洲公约》）第14条禁止对非婚生子女的歧视，也对各国在法律统一方面产生影响，限制了各国关于父母和儿童关系的立法。父母责任概念的区域统一化首先就表现在家庭法的欧洲化进程中。1969年《美洲人权公约》（以下简称《美洲公约》）第17条规定，夫妻双方在结婚期间和解除婚姻时权利平等和责任适当平衡。在解除婚姻时，应仅根据儿童的最大利益，对他们规定必要的保护；法律承认非婚生子女和婚生子女享有平等权利。第19条中进一步明确，每一个未成年儿童都有权享受其家庭、社会和国家为其未成年地位而给予的必要的保护措施。随着拉美一体化进程的发展，美洲国家组织所开展的跨国收养法统一化运动也随之发展壮大，不仅表现在越来越多的拉美国家加入这一运动，而且跨国收养法的统一范围也越来越广泛。《美洲国家间关于未成年人收养的法律冲突公约》是美洲国家组织从事跨国收养法统一化运动的标志性成果，为运用统一实体规范保护儿童利益树立了典范。

在亲子法实体法统一化进程中，我们可以看到德国、法国、埃塞俄比亚、澳大利亚等国不再区分非婚生子女与婚生子女，贯彻消除歧视的理念，以"子女"为统一称谓。父母婚姻与子女合法性之间的关系理念被逐渐摒弃，即使父母双方没有结婚，也要对子女承担共同的责任。许多司法管辖区为非婚生子女的父亲提供了获得父母监护权的可能性，规定了其承担父母责任以及与孩子建立和保持联系的权利。

与此同时，学者们关于父母责任理论的研究探讨也迈向多重维度。德国学者马蒂尼预测，在传统的儿童监护领域，以儿童的福利为首要标准，在诉讼中听取儿童的意见，以及越来越多地使用更广泛的父母责任概念是共同的发展。日本法学家我妻荣认为，现代法亲子关系的核心内容是父母对子女哺育、监护、教育的职责，把子女养育成为健全的人是父母之天职。英国家庭法学家吉尔摩判定，当父母责任的含义与权力密切相关时，外部机构必须限制父母责任的持有者，相反，当父母责任的内涵扩散时，父母责任不再主要是亲权或决策，法律将父母的责任赋予一个不断扩大的圈子。在国内研究中，夏吟兰教授从中国的语言习惯和立法理念出发，指出"父母责任"一词能准确地涵盖父母对子女抚养、照顾、教育、保护等涉及人身关系和财产关系方面所有的权利义务，应当将父母责任作为上位法律术语。欧阳恩钱从侵权法角度，探讨父母责任的构造，认为要将主观性价值——保护未成年子女的利益与父母自由权，与客观性价值——损害填补与预防损害，两者的统一作为价值要素。在这种对父母责任的理解中，这些个人（通常是父母）可能对儿童的行为负责，父母被追究责任，并被期望负责任地行事。

如果法律要跟上时代变化的步伐，那么更改术语只是第一步。本书认为，父母责任概念反映了当下讨论亲子关系时的思想转变，"亲权""监护权"等词虽然蕴涵保护性，但也不可避免地意味着权力、控制和拥有。父母责任一词并没有暗示父母是监护人并"控制"了他们的孩子，而是强调承担父母责任的人应负责照料子女、对孩子负责并满足他们的需求，更为契合当代亲子法儿童利益最大化的价值取向和子女本位的立法定位。

亲子关系是家庭关系中的重要组成部分，亲子关系法是婚姻家庭的重要内容。所谓亲子关系，在法律上是指父母和子女之间的权利义务关系。其中，父母对于子女特别是未成年子女权利义务的行使和负担是基于亲子关系的身份所产生的涉及人身关系和财产关系的义务和责任。正如恩格斯所指出的："父亲、子女、兄弟姐妹等称谓，并不是简单的荣誉称号，而是一种负有完全确定的、异常郑重的相互义务的称呼，这些义务的总和便构成这些民族的社会制度的实质部分。"我国《民法典》婚姻家庭编将非婚生子女与父母之间、养父母与养子女之间、继父母与受其抚养教育的继子女之间的关系均等同于婚生子女与父母之间的关系。

（二）父母责任制度的国际统一化

父母责任制度的国际性统一化已在部分国家亲子法领域初露端倪，彰显了尊重和保障人权的国际条约精神以及保护儿童的最大利益、自治、非歧视、表达意愿、利益优先的立法原则。采用大监护立法传统的英国，在1989年英国《儿童法》中将父母监护改称为父母责任，强调父母身份是一种责任。为协调和统一欧洲各国家庭法，成立于2001年9月的欧洲家庭法委员会提出，在亲子关系方面，将欧洲各国关于亲权和父母监护的术语统一为"父母责任"。采用小监护制度的德国也已弃亲权为父母照顾，父母照顾取代《德国民法典》过去曾经使用的亲权。父母责任一词业已成为目前缔约国最多、影响最广泛的国际人权条约所使用的法律术语，联合国《儿童权利公约》第27条第2款规定："父母或其他负责照顾儿童的人负有在其能力和经济条件许可范围内确保儿童发展所需生活条件的首要责任。"该公约对国际社会、区域性组织、各国儿童保护起重要导向作用，在缔约国义务的语境下，公约所蕴含的父母责任理念于里会影响缔约国的价值取向，所呈现的父母责任语词于表会催化概念的趋同。

1.域外国家父母责任的实践初探

家庭法很大程度上受制于一国的风俗和习惯，而这些风俗和习惯直接和一国主导的社会价值观、权利、平等观等息息相关。儿童在很多时候还是家庭成员实施暴力的对象，他们本身缺乏保护自己的能力，因而在精神上、肉体上更容易受到侵犯，由于客观规律的存在任何人都有一个处于弱势的阶段。在亲子关系中父母是儿童最大利益的保护者和执行者。亲子法的立法理念已随着它的发展脉络"为家族的亲子法""为父母的亲子法"及"为子女利益的亲子法"使得亲子法内容不断发展变化。"儿童最大利益原则"起源于英美，它由"父权优先原则""幼年原则"发展而来，体现了成人社会对儿童人权的尊重和保护。在亲子关系中"儿童最大利益原则"也已成为亲子间关系调节的最佳原则。

人类的本性、社会的需要和愿望作为居于其他之上的事实，使得我们将照顾儿童的责任强加于某些具有适当资格的人身上，是必要的。父母则是各国立法中承担照顾儿童责任的首要人选。除父母之外，一些适格主体也在法律所扩大的责任人之列。

（1）英国《儿童法》中的父母责任

英国率先启用父母责任这一术语。1989年英国《儿童法》第一章第3条规定：父母责任是指父母对子女及其财产依法享有的权利、权力、权限及承担的义务和责任，包括儿童的财产监护人对儿童及其财产所享有的权利、权力及承担的义务。该法中规定了由谁分配父母责任以及如何获得父母责任，子女的母亲和与母亲结婚的子女的父亲，都是法律规定的父母责任人，没有结婚的父母必须根据该法的规定承担父母责任。以下人员自动承担父母责任：所有生母、在孩子出生时与母亲结婚的父亲、未与母亲结婚但已在孩子的出生证上登记的父亲、民事伴侣和母亲的伴侣在出生证明上注册为孩子的合法父母。法律将父母责任和子女抚养视为完全分开。没有父母责任的未婚父亲仍然有义务对孩子提供抚养子女的抚养费。除了上述人员，其他非父母照顾者也可以承担父母责任。获得父母责任的途径有父母责任协议、父母责任令、任命监护人。

父母责任所包含的具体权利和义务，除了日常问题（如教育、宗教和惩罚），还有例外情况（如姓名纠纷、医疗决定、在法律诉讼和法律交易中代表儿童、同意未成年人结婚或处理儿童死亡后果），父母责任概念在英国家庭法中的范围是不明确的，主要目的是揭示父母的责任允许父母做什么，以及法律期望的责任父母状态。通过父母责任的概念强调了这样一种观点，即一旦父母总是父母。父母责任这一概念与许多欧洲大陆法系制度所沿用的监护权概念形成鲜明对比，根据英国法律，离婚后不可能剥夺父母的父母责任。父母之间对子女抚养权的任何争议都可以通过制定适当的法院命令来解决。通过比较发现，欧洲国家对父母责任的定义所涉及的问题大致等同于爱尔兰法律体系中理解的父母责任概念，即父母责任一词包括监护权、探望权。

（2）德国民法中的父母照顾

大陆法系各国多用亲权来概括父母对子女的权利义务关系，近代以来亲权意识逐渐改变，权力色彩渐弱，义务意味渐浓。以教养、保护子女为中心，其本质不仅是权利，而且含有义务，权利与义务并列。在当今社会，亲权更体现为一种亲责，父母理应承担对儿童的照护责任。对此，德国学者施瓦布总结，父母责任最重要功能就是对子女的"父母照顾"，父母照顾在原则上包括一切事项。用"父母照顾"这一父母责任中最重要的功能来指称父母责任成为目前德国的做法。采用小监护制度的德国也已弃亲权为父母照顾，即用父母照顾取代《德国民法典》过去曾经使用的亲权。根据《德国民法典》第1626条第1款第1句和第2句的规定，父母有照顾未成年子女的义务和权利。父母照顾未成年子女的义务和权利的总和，就是父母照顾。可见，父母照顾首先是父母的义务，其次才是父母的权利。从子女利益出发，勒特尔在1992年提出的"心理社会学上的父母"，是一个面对生物学上的父母和法律上的父母不一致的诸多挑战而基于子女利益保护提出的覆盖广泛的概念，意指实际上为儿童承担或承担过父母之责任者，比如与其长期共同生活于一个屋檐下，推定为心理社会学上之父母，具体所指包括与子女生母共同生活但未认领子女的生父、生母之同居生活伴侣等。此外，同属大陆法系的法国，1987年修改其民法后，原亲权一词改为父母职责。

除上述国家之外，日本、俄罗斯、美国、澳大利亚等许多国家和地区在其亲子立法的改革中不同程度地体现了子女最大利益原则，并将父母责任与义务的理念贯穿在有关亲子关系的立法中。

2. 欧盟父母责任方面的统一化进程

父母责任制度的产生和发展经历了漫长的过程，从古罗马时期的家父权制到近现代的亲权与监护制度，再发展到当代的父母责任制度，这不仅仅是一个词语的变换，更多的是反映出家庭法领域的一场深刻变革，即从关注亲权人之利益保护转向以儿童最大利益为基本的考量因素。

欧盟作为国际婚姻家庭现象非常普遍的区域，欧盟理事会统一家庭法的立法进展迅速，在父母责任方面有统一条例。父母责任制度的国际统一化表现在家庭法的欧洲化进程中。为了促进人员自由流动、强化民事司法合作，欧盟 2000 年通过《有关婚姻事项和夫妻双方所生子女父母亲责任管辖权和判决承认和执行第 1347 号（欧共体）条例》（简称《布鲁塞尔Ⅱ条例》)，该条例涵盖承认和执行有关婚姻事项和父母责任的判决，将规定的重心从"家长的权力"转移到"家长的责任"上，并且许多国家也通过立法或者制定判例来确认这一转变。随后又于 2003 年 11 月 27 日通过对上述条例的修改，即欧共体第 2201/2003 号条例（简称新《布鲁塞尔Ⅱ条例》）于 2005 年 3 月生效，将范围进一步扩大到包括所有子女在内的父母亲责任判决的承认和执行。欧洲议会于 2002 年颁布《有关亲子关系及父母责任白皮书》；2007 年 4 月，欧洲家庭法协会出版了《关于父母责任欧洲家庭法原则》一书，在分析各国国别报告后，总结了 39 项父母责任立法的原则，规定了父母责任的具体内容。欧洲家庭法协会在有关共同原则的制定中始终贯彻了如下的理念：对儿童的保护和照管与其说是亲权不如说本质上是父母的职责；儿童最大利益原则应作为决定父母责任的首要考虑因素；父母原则上平等享有和共同行使父母责任。

除上所述，欧洲人权法院的判决对成员国具有法律约束力，关于亲子问题的决定和判断也是统一的催化剂。与契约相对比，身份是一种持久、稳定的法律关系，亲子关系则是身份关系中最为固定的一种类型。辅助生殖技术改变了人类传统的生育模式，诸如 2008 年巴拉兹案、2011 年梅内松夫妇诉法国政府等案件中，在一个国家已经建立的亲子关系，在另一国家却不被承认，导致无法落实相关的父母责任。这种由于住所的改变而引起的身份关系的丧失现象，显然不利于儿童权益的保护。梅内松夫妇诉法国政府一案中，由于法国最高法院判决这对夫妇在美国代孕所生的子女无法取得法国国籍，该夫妇向欧洲人权法院起诉法国政府。欧洲人权法院基于维护欧盟公共秩序、保护儿童权利的考虑，判定法国最高法院的裁定违反了《欧洲人权公约》关于保护自然人享有家庭及私人生活的基本人权和保护儿童权利的规定，认为法国最高法院的裁定将导致两名代孕儿童无法确定自己的父母，因此，欧洲人权法院判决法国政府败诉。

罗马法、教会法以及普通法对个人概念的跨大陆接受表明，即使在家庭法领域，外国法律观念也能够转移并促进统一化进程。在许多方面，关于不歧视性别或非婚生子女的问题，与现代趋势没有冲突。欧洲国家以及其他工业社会和后工业社会的发展证实了家庭领域不断变化的共同趋势：单亲家庭数量的增加、非婚生子女的显著比例，以及越来越多的人接受非婚同居。这种生活和家庭关系的变化意味着全世界的立法者都面临着类似的问题。

（三）我国父母责任理念文化根基

我们常说"家是浓缩的国、国是扩大的家"，家庭是社会中最小的细胞，优良家风不仅直接影响子女的道德、思想观念等价值取向，更间接影响着社会观念、国家发展状态。在传统中国社会中，家庭具有重大影响和作用。随着社会经济、文化、观念的不断变化，如今家庭观念逐渐削弱，并且在城市中更为明显。

任何一项人为的法律制度只有镶嵌于已有的社会环境中才能运行，满足生活实践需求才具有存在的价值和依据。父母责任制度在我国有着悠久的文化传统和深厚的社会基础，能够更好地保护未成年子女。中华优秀传统家庭文化及人伦元素在亲子理念描绘和亲子规范建构中发挥了结构性作用。首先，中华优秀传统家庭文化的思想精华，包括尊老爱幼、母慈子孝等核心思想理念，与亲子法的理念和原则是相通的。其次，婚姻家庭在本质上是一个伦理实体，其核心价值是关爱、责任、互惠、利他、奉献。在重家庭、重伦理的社会基础上，形成了保护弱势儿童这一婚姻家庭法的基本价值取向。在亲子规范建构方面，2020 年 5 月 28 日，第十三届全国人民代表大会第三次会议通过的《中华人民共和国民法典》（以下简称《民法典》）第 1043 条明确倡导要建立平等、和睦、文明的婚姻家庭关系，家庭成员应当敬老爱幼。回顾我国古代礼法，处理父母子女关系的基本原则为儒家推崇的"亲亲""爱亲"。"亲亲"就是仁，注重仁爱，即爱护和帮助。正如古人所说"爱子，教之以义方""爱之不以道，适所以害之也"。不仅强调疼爱而且注重教育，疼爱教育子女是中华民族优良的传统文化与伦理道德，抚养、教育、照顾和保护未成年子女在中国几千年的伦理道德和法文化中一以贯之，是亲子关系的核心内容。2016 年 12 月 12 日，习近平总书记在会见第一届全国文明家庭代表时指出，尊老爱幼、母慈子孝等中华民族传统家庭美德，铭记在中国人的心灵中，融入中国人的血脉中，是支撑中华民族生生不息、薪火相传的重要精神力量。在 2018 年举行的全国教育大会上，习近平总书记就家庭教育提出了"四个一"新要求，明确把家庭列为教育的第一责任主体，父母则是具体执行者。

中国传统的"爱幼""育幼"婚姻家庭观念在引导全社会形成父慈母爱、子孝孙贤的氛围和风尚方面发挥了积极的促进作用。不过这种"爱幼"观念在不同的时代有着不同的表现，于父于母也有差异。

1. 从"控制之爱"转为"平等之爱"

在中国传统农耕社会，鉴于家庭生活的必要，父子关系最重要且通常的是领导、教育和指导。因体力、智力和经验的差别，在相当长的一段时间内，父子关系确实是支配关系，即便孩子成年了，体力赶超父亲，父亲相对丰富的社会经验及其社会资本，也会令父亲在家庭决策中仍处于支配地位。"父为子纲"成为规范家庭和农耕村落中代际关系的核心原则。这种控制之爱得到了法律的肯认，例如，《唐律》第155条记载了"诸祖父母、父母在，而子孙别籍、异财者，徒三年"等控制子女、维护父系家长制权威的规定，即家长在世，子孙不得别立户籍、分财异物，否则处徒刑三年。同时，维护被收养人的利益，第157条规定："养父母自无子舍去养子者，徒二年。"即凡收养孩子，养父母无孩子而遗弃被收养人的，处徒刑二年。诚然，这种控制之爱不承认子女的权利主体地位和独立人格，但服从家庭伦理原则，有助于维护家庭伦理和社会秩序的稳定，有效抵抗生产力低下带来的风险和冲击，为子女成长提供经济基础。

新中国成立后颁布的《婚姻法》专门规定了"父母子女间的关系"一章，以全法1/6的篇幅规定了以保护子女合法权益为原则的父母子女间平等的相互抚养的权利和义务关系。之后，1980年《婚姻法》又以7条、全法1/5的篇幅重申了前述规定，并增加了关于子女姓氏、权利请求权及父母对子女的管教、保护权的规定。父权为主导的家庭结构日趋瓦解，基于父母子女关系而限制父母权利的条款增多。2001年4月28日，第九届全国人大常委会第二十一次会议通过的《婚姻法修正案》进一步强调了父母间以及父母子女间民主平等关系的原则，特别将"父母有管教和保护未成年子女的权利和义务"修改为"父母有保护和教育未成年子女的权利和义务"，将压迫式"管教"改为引导式"教育"，并将"保护"规定提前，突显立法重点，即父母对未成年子女的保护和教育。《民法典》坚持了教育、保护的父母责任，第1068条规定，父母有教育、保护未成年子女的权利和义务。未成年子女造成他人损害的，父母应当依法承担民事责任。这些章节、条文的优化主要都是围绕爱护子女和父母责任这两条相互缠绕的双螺旋线而具体展开的。

2. 从"父母分工"走向"协同合作"

家庭的基础是婚姻，在教育子女的过程中家庭完成了它的使命。因为孩子需要全盘的生活教育，并且教育过程较长，孩子所依赖于父母的，并不是生活的一部分而是全部，故而父母是抚育孩子的中心人物。根据社会学的划分，上述抚育作用可以分成两部分：一部分是满足孩子生理上的需要；一部分是满足孩子社会上的需要。由父母分别负责社会性和生理性的抚育工作，通常母亲负责生理性的抚育、父亲负责社会性的抚育。这种依男女性别划分所形成的"双系抚育"分工体系的根据是男女之别的生物事实和男尊女卑的社会结构。首先，基于生物利益，父亲通常会关心自己的孩子，但中国古人更敏锐地察觉，作为一个不含道德评判的有关男子生物特点的经验命题表明：父亲通常不如母亲疼爱和关爱孩子。历史上这类例证是大量存在的。凭借男子的生物特点，他会将养育后代的责任完全，也很容易，推卸给怀孕或已生下孩子的女性。其次，传统的男尊女卑社会结构中，男性家长有教导、管束幼子的权利，女性家长则承担不需要特别训练的家务劳动，包括哺育子女。父亲承担"宏观责任"，即学习、指导、引导孩子的责任，传授价值观，为他们提供成为权威人物的榜样或指南；母亲关注孩子的需要，负责情感疏导、人际关系的调解等工作。随着男女平等观念的深入人心，夫妻关系趋于平等，男女两性在子女教育方面呈现平等化局面，在强调夫妻间要加强家事合作的背景下，男子越来越多地参与家庭事务，共同承担家庭日常管理的责任。在抚育教育子女方面，生理和社会性抚育界限消解，协同合作逐步加强，"严父慈母"改变为"慈父慈母"。

（四）新时代我国的父母责任制度

监护是保护无民事行为能力人或者限制民事行为能力人的合法权益，弥补其民事行为能力不足，协助其通过民事法律行为实现自身利益的法律制度。监护制度与民事主体制度、婚姻家庭制度等具有高度相关性，是《民法典》中不可或缺的重要制度，也是此次民法总则重点完善的制度之一。

1.理念逻辑：儿童利益最大化的共同理念

家庭是每个人的生活依托，家庭法与人的日常生活和基本权利紧密相连。经济全球化进程的纵深推进、国际人权条约的广泛签署和人类命运共同体意识的传播，对家庭法的统一化提出了新的挑战。亲子法作为家庭法的重要组成部分，其中父母责任制度的统一化有着良好的基础，因为人类有着儿童保护的共同理念——儿童利益最大化。但是，儿童利益最大化仅仅是抽象的、概括的原则，我们需要将原则具化为规则，才能更好地指导实践。在这一过程中，对外国的观察就成了重要的论据。放眼望去，域外父母责任制度图像逐步清晰，从域外该制度立法和司法中吸取精华，有助于推进我国亲子法的发展。截至2018年，中国作为一个儿童人数占世界儿童总数13%、排名第二的大国，也有必要将父母责任制度纳入亲子法范围之内，不断提高亲子法的国际化水平，践行负责任、有担当的大国使命。随着《民法典》的通过与施行，关于法典筹备性的改革争论告一段落。在未来相当长的时期内，我国亲子关系立法和研究争论的对象和基调则是事后的核对性立法批判，以及如何在施行中塑造、剪裁适合我国的父母责任制度，打造呵护未成年子女健康成长的家庭、社会和国家三维梯度，这是一个需要反复摸索、深化理论、改进实践的过程。

2. 语言逻辑：父母责任精准传递价值立场

我国虽然没有改变术语，仍用监护表述父母以及其他代理人与未成年子女之间的关系，但是明确要优先保护未成年子女利益。很多著名的法学家将法律语言与民族文化、民族精神相互连接。德国学者洪堡认为，民族精神与语言关系极为密切，语言仿佛是民族精神的外在表现，民族的语言即民族的精神，民族的精神即民族的语言，二者的统一程度超过了人们的任何想象。德国法学家萨维尼也认为，法本来的居所应当是民族的共同意识。从某种意义上来说，语言也会影响事物的发展，因此谨慎斟酌法律用词至关重要。英国式和德国式的亲子法规范借助更改后的父母责任术语表达重视儿童权益、保护儿童成长的民族精神。正如英国哲学家维特根斯坦所观察的那样，语言活动就是一个理解与被理解的过程。精准的法律术语是正确理解和严格遵守法律语言背后的价值立场的前提，尽管当代各国亲权和监护权的实质已改变，但是"权"字，望文生义，从字面上理解即权力、权利之意。相比较而言，父母责任一词准确表达了当代亲子关系法的立法旨意，即对未成年子女以教养保护为目的而履行的责任与义务，清晰易懂，便于民众理解和普遍适用，是一种名副其实的亲子之间独特的权责状态。故此，父母责任比亲权更能体现子女本位的现代亲子立法精神，父母责任比父母照顾更能准确反映父母应承担义务的内涵，父母责任作为法律术语既符合法理也便于被公众理解。因此，在子女本位立法理念的指引下，在国际和区域性人权条约以及《父母责任公约》的影响下，父母责任这一术语的国际性统一化趋势将会影响当代各国亲子法立法发展，逐渐被各国法律文本采纳。

3. 体例逻辑：二元立法模式

采用父母责任的概念，将父母与其他监护人均限制在父母责任制度之内，与我国施行了三十多年的《民法通则》的大监护立法体例一脉相承，对所有未成年子女而言，父母责任与大监护制度具有本质性趋同，都是对他们进行以健康成长为目的的照顾、教养和保护。既然目的、内容本质相同，那么就没有必要对父母和父母以外的人做出亲权和监护的区分。当未成年人的父母已经死亡或者没有监护能力时，父母以外的监护人或其他法定代理人只是代为履行父母的首要责任，该责任本质上仍是为人父母的职责，顾名思义，统称为父母责任更能凸显父母是子女成长的首要责任人地位，同时能够时刻提醒父母以外的监护人或其他法定代理人需要以为人父母的标准谨慎、尽责地履行相关义务。此外，父母责任是针对未成年子女而设立的，能够与继续适用监护制度的精神病人等无行为能力和限制行为能力成年人做出区分，采取父母责任（针对未成年人）与监护（针对成年人）分离的二元立法模式，可以实现立法结构完整、逻辑清晰。

（五）关于亲子关系的权利与义务

在民法典时代，父母子女关系是家庭中重要的法律关系。《民法典》明确了父母享有对未成年子女抚养、教育和保护的权利和义务，且这种权利和义务不会因为父母离婚而改变。成年子女不履行赡养义务的，缺乏劳动能力或者生活困难的父母，有要求成年子女给付赡养费的权利。民法典同样明确了父母不履行抚养义务的，未成年子女或者不能独立生活的成年子女，有要求父母给付抚养费的权利。成年子女对父母负有赡养、扶助和保护的义务。子女对父母的赡养义务，不因父母的婚姻关系变化而终止。

虽然法律明确了父母的抚养义务，但是大部分大学生已经属于独立的成年人，我国最高人民法院关于适用《民法典》婚姻家庭编的解释也明确了"不能独立生活的成年子女"指的是"尚在校接受高中及其以下学历教育，或者丧失、部分丧失劳动能力等非因主观原因而无法维持正常生活的成年子女"。因此，对于大部分大学生来说，实际上，父母已经没有抚养的义务了。

四、继承

父母和子女有相互继承遗产的权利。在我们的传统观念中，一直避讳谈论死亡，认为人还活着，就不能先安排"身后"事，更不能先把家产分了。正是受这种观念的影响，往往容易出现被继承人死后因遗产继承问题协商无果，产生甚至激化家庭矛盾，上演家族间遗产"争夺战"的现象，使家庭原本的温情消散殆尽。不仅如此，由于人们对死的忌讳，很多人并不了解遗产继承方面的相关制度与规定，当真正面对遗产时，却不知道自己应该继承哪些、又该怎么继承，从而使自身的权益受到损害。

遗产继承是指因公民死亡对其个人的财产进行继承而发生的民事权利义务关系。我国遗产继承方式主要有遗嘱、遗赠、遗赠扶养协议和法定继承。这四种遗产继承方式中，按遗嘱方式继承遗产，更符合被继承人的意愿。1985 年 4 月 10 日，第六届全国人民代表大会第三次会议审议通过并颁布了《中华人民共和国继承法》（以下简称《继承法》），正式确立了遗嘱继承制度的法律地位，将其规定为我国的基本继承方式之一，进一步完善了我国的继承制度。这对保护公民财产继承权，增进家庭成员之间的团结互助，推进社会经济发展，稳定社会秩序起到了积极作用。但《继承法》制定于计划经济年代，当时社会经济发展水平不高，公民继承的遗产大多局限于生活资料，而私有经济未来的发展，在立法之初是无法预见的。随着《民法典》正式实施，遗产继承制度也得以完善。《民法典》继承编中对于继承权的相关规定，是对原有规定的合并与创新，对继承、遗嘱和遗产的一些条款和相关制度进行了进一步的细化和增加，将继承法的作用更好地发挥出来。

（一）完善私有财产继承权的保护

1. 遗产范围调整

我国 1985 年施行的《继承法》属于比较简单的继承法，在 20 世纪 80 年代的背景下，每个人拥有的财富很少，人民对继承法的需求及要求并不高，因而使得该法的制定不够完善。随着我国经济的发展，个人财富的积累增多，以及财富种类结构的变化，遗产继承需要更加完善才能适应经济发展、社会变迁和个人财产增多的需求。之前我国实施的继承法关于遗产范围的规定，是通过列举和兜底条款的方式来明确的，对于司法实践来说就容易导致一个问题，由于列举无法穷尽，也就意味着在列举内的财产在继承时无争议，但对于列举外的财产是否属于遗产范围容易发生争议，在法官具体裁量中就极易造成同案不同判的问题。此次民法典删除了上述规定，将遗产的范围进行调整，明确规定了自然人死亡时留下的个人合法财产才能作为遗产继承，同时对法律规定中不能继承及根据其性质不能继承的情况进行了排除。由此可见，《民法典》采用了概况加上排除式的立法方式确定遗产范围，这种概括式规定兼具包容性和灵活性，既确保遗产不被遗漏和不受损害，也避免了列举遗产范围的争议。

2. 继承人范围调整

保护私有财产继承权，不仅要使遗产能被继承，还应确保遗产能够有人继承，而不轻易地归国家所有。这样才能更好地调动人们创造财富、积聚财富的积极性。此次《民法典》的制定就将继承人的范围进行了拓宽，新增被继承人的兄弟姐妹的孩子也适用代位继承这一制度，该条款的确立就使得侄子、外甥也纳入了代位继承人的范围。调整的范围表面看是法定继承人多少的问题，实际上是个人私有财产的流向问题，法定继承人范围的扩大也就意味着被继承人的遗产更大可能被家族亲人继承，进一步解决了家庭财富传承的问题。

（二）充分尊重被继承人意志

1. 修改遗嘱效力原则

原《继承法》当中公证遗嘱效力优先原则的特别规定，可能会致使公证之后再修改的遗嘱永远也不会生效。现实中不乏这种情况出现，比如年事已高的被继承人在做了公证遗嘱后，想要改变遗嘱而又因身体状况等客观因素无法进行公证变更时，对于他而言哪怕后面的遗嘱是其真实的意思表示，也会因为他没有进行新的公证，而不发生效力，这样不仅不能真实地还原被继承人的意愿，对于该类案件的审判结果也很难达到公平和谐的社会效应。

此次《民法典》继承编中对该项规定进行了修改，规定了当被继承人立有多份遗嘱时，如果其中内容有不同的地方，则以最后订立的那一份遗嘱为准。由此可见，原《继承法》中公证遗嘱效力优先原则的废除，既让被继承人的真实意愿得到充分的尊重，使得被继承人的表达方式受客观条件限制的因素减少，也使得社会民事活动充满活力。

2. 确立了种类多样的遗嘱形式

随着网络智能化的发展、各类科技设备的普及，为顺应时代的发展和满足人们的要求，《民法典》继承编中就法定遗嘱的形式新增了打印遗嘱和录像遗嘱两类，而且为避免打印遗嘱、录像遗嘱造假，还对该类遗嘱形式附加严苛的要求。从继承编中对于遗嘱形式的增加，可以看出遗嘱形式的多元化紧跟时代潮流，也符合现代人们的行为习惯，让被继承人选择订立遗嘱的方式变得更自由、多样，也能使遗产分配符合被继承人的真实意愿，保护继承人的相应权利不受侵害，且有助于解决司法实践纠纷。

3. 新增继承人宽恕制度

宽恕制度是指对于继承人确有悔改表现，立遗嘱人对其行为表示宽恕，那么继承人可以重新取得继承权的制度。该项制度扩大了继承权相对丧失的范围，对于那些销毁、篡改、伪造、藏匿遗嘱，情节严重的及通过胁迫、欺诈的方式妨碍或者逼迫立遗嘱人设立、变更、撤销遗嘱，情节严重而被剥夺继承权的继承人，均适用宽恕制度。由此可见，宽恕制度的设立，给了继承人一个改过的机会，让立遗嘱人更能自由地处分自己的财产，有助于改善父母和子女间的矛盾，既反映出法律对立遗嘱人自由意志的尊重，又利于家庭的稳定和谐，确保遗产得到妥善管理。1985年《继承法》无太多对遗产管理的规定，对于遗产管理人更无相关制度的规定。《民法典》继承编新增遗产管理人制度，该制度的确立使得遗产能被妥善管理，增进了对继承人和债权人的保护，使得遗产的处理程序清晰明确，一定程度上减少了纠纷。关于遗产管理人有以下几点。

（1）遗产管理人的确立

所谓的遗产管理人就是指由被继承人指定的或者是按照法律规定对遗产相关事务进行处理的人。从该定义中可知遗产管理人有可能是自然人，也有可能是法人。根据《民法典》继承编中的规定，遗产管理人产生的方式，一是自然人在订立遗嘱时，可以指定遗嘱执行人，有遗嘱执行人时，首先由遗嘱执行人担任遗产管理人。二是在被继承人没有做特殊的指定或者指定的遗产执行人拒绝担任或出现了该执行人失去民事行为能力而无法任职的情况，此时被继承人的法定继承人就作为其遗嘱的执行人，即法定继承人是第二顺位遗产管理人。三是当无执行遗嘱的人时，不存在继承人或继承人要放弃继承时，那么将由立遗嘱人生前住所地的民政部门或者村民委员会担任其遗产管理人。四是确定遗产管理人存在分歧争议时，利害关系人可以向人民法院申请指定遗产管理人。

（2）遗产管理人的职责

遗产管理人职责开始于其同意担任管理人时，由法院确立的遗产管理人，无需向法院报告工作，但是有义务向继承者报告工作，遗产管理人也不受债权人的任何监督。依照民法典继承编中的相关规定，遗产管理人的职责是对被继承人死亡后遗产进行管理、清算、分割，保护遗产的价值，保护遗产能顺利分割，保护债务能够及时得到清算。在遗产清单编制完后应该及时向遗产继承人报告该遗产清单情况，因为遗产清单不仅仅涉及继承人，还涉及债权人的利益，所以继承人和被继承人都不能免除遗产管理人的此项职责。

（3）遗产管理人职务的终止

遗产管理人职务终止的原因是多方面的，比如遗产已经处理妥当、清算结束，遗产管理人成为无民事行为能力人，遗产管理人自动辞任，遗产管理人死亡或者遗产管理人因不当行为被法院撤换。

五、民法典时代家庭文明建设

《民法典》第 1043 条第 1 款规定："家庭应当树立优良家风，弘扬家庭美德，重视家庭文明建设。"该款属于新增条款，家庭文明建设从政策话语、道德话语进入民法典立法用语体系，重视家庭文明建设成为《民法典》婚姻家庭编新增的基本价值取向。从民法解释论角度，我们需要结合家庭文明建设条款的入法过程，透过婚姻家庭具体制度，澄清家庭文明的具体内涵、具体法理，发现家庭文明建设条款的规范解释力，使得家庭文明与婚姻家庭编、继承编的基本原则（基本价值取向）融洽无间，实现《民法典》婚姻家庭编、继承编内在价值体系融贯并有效贯彻于外在规则体系之中。任何一种民法制度总是有意无意地仰赖一种民法哲学，家庭文明建设条款及其具体化能够展现我国《民法典》看待"家"、协调人与家之间关系的民法哲学立场。

（一）重视家庭文明建设成为婚姻家庭编的基本价值取向

《民法典婚姻家庭编（草案）》三次审议稿新增加"重视家庭文明建设"条款，并为《民法典》第 1043 条所坚持。2019 年 10 月 21 日，十三届全国人大常委会第十四次会议举行第一次全体会议上沈春耀做"关于《民法典婚姻家庭编（草案）》修改情况的汇报"指出，为了更好地弘扬家庭美德，体现社会主义核心价值观，贯彻落实习近平总书记关于加强家庭文明建设的讲话精神，建议增加有关树立优良家风，弘扬家庭美德，重视家庭文明建设的规定。整个《民法典》中"爱"字出现两次，都集中在第 1043 条。"爱"具有鲜明的利他特点，"爱"没有条件，不附期限。"法律也没有被排斥在亲密的个人关系之外。甚至在家庭中，以爱的方式去处理许多问题都要依靠法律……爱需要法律。……法律并不以取爱而代之的办法，而是通过创造爱在其中得以生长的土壤来服务于爱。""重视家庭文明建设"也是《民法典》第 1 条所规定"弘扬社会主义核心价值观"的具体化，"重视家庭文明建设"中的"文明"一词的含义要广于社会主义核心价值观中的"文明"。文明是指人类社会进步开化的状态，社会文明程度是衡量一个国家现代化水平的基础指标。党的十九届五中全会将"社会文明程度得到新提高"作为"十四五"时期经济社会发展的主要目标之一，并提出明确要求。社会主义核心价值观是当代中国精神的集中体现，是全党全国各族人民团结奋斗的共同思想道德基础。建立社会主义核心价值观入法入规协调机制，将对推动核心价值观进一步成为全体人民的共同价值追求发挥重要作用。相对于野蛮而言，家庭文明建设过程中须把弘扬各项社会主义核心价值观作为主要内容。

（二）家庭文明的具体内涵及在民法典中的体现

家庭文明建设从政策话语、道德话语进入民法典立法用语体系，我们需要澄清家庭文明的具体内涵、具体法理，并使得家庭文明与婚姻家庭编、继承编的基本原则（基本价值取向）融洽无间。家庭文明建设包括弘扬敬老爱幼、男女平等、夫妻和睦、忠实互让、勤俭持家、邻里团结等中华民族家庭美德；树立优良家风，抵制歪风邪气，远离假丑恶，弘扬清风正气，以清正和睦的家风塑造良好的社会风气，推动形成社会主义家庭文明新风尚。家庭生活的乐趣是抵抗坏风气的毒害的最好良剂。结合婚姻家庭立法和司法实践，新时代家庭文明的核心内涵可以凝练为平等、敬爱、忠实和团结等。作为基本价值取向，家庭文明的抽象程度高于基本原则，家庭文明通过《民法典》的基本原则和具体规则得以具体化。

1. 平等

平等是社会主义核心价值观之一，平等也是《民法典》规定的基本原则之一。平等还是家庭文明的首要内涵。家庭文明视野下的平等强调男女平等。《民法典》第 1041 条第 1 款规定实行男女平等的婚姻制度。第 1043 条第 2 款后段强调维护平等的婚姻家庭关系，该款中的"互相尊重"也是男女平等原则的必然要求。第 1055 条："夫妻在婚姻家庭关系中地位平等。"第 1062 条第 2 款："夫妻对共同财产，有平等的处理权。"第 1071 条规定非婚生子女与婚生子女平等。第 1126 条规定继承权男女平等。第 1130 条第 1 款规定："同一顺序继承人继承遗产的份额，一般应当均等。"有学者认为，婚后所得共同制也"体现了男女财产关系上的平等"，"在特有的传统思维下，中国人往往把平均取得父母财产视为自己天经地义的权利。如果父母不坚持这样的原则，则往往被视为违背常理的行为"。中国人在继承遗产、赡养老人和承担家庭债务上都重视平等观念。正所谓"均无贫"，"不患寡而患不均"。

2. 敬爱

敬爱即敬老爱幼，养老育幼（老有所养、幼有所依），但敬爱并不简单等同于赡养老人和抚养未成年人。在赡养之外，还要强调"敬"；在抚养之外，还要强调"教"。中国古人所向往的"大道之行也，天下为公，选贤与能，讲信修睦"的大同社会，其理想状态就是"人不独亲其亲，不独子其子，使老有所终，壮有所用，幼有所长，矜、寡、孤、独、废疾者皆有所养"。敬爱也是婚姻家庭法利他主义价值取向和保护弱者的体现。婚姻家庭关系的当事人在婚姻家庭团体利益互动中具有鲜明的利他主义倾向，夫妻之间的甘苦与共源于爱情，父母子女之间的敬老爱幼源于血缘，其他亲属之间的互相帮助源于伦理。敬老爱幼、养老育幼是基于弱势意义上的平等对待，是对老年人和未成年人进行的倾斜保护。《民法典》第 128 条规定弱势意义上的平等对待，丰富了平等原则的内涵，通过对弱势群体的倾斜保护实现更实质的平等和弱势群体更充分的自由，传递民法典的柔性和温度，彰显民法典人文关怀理念。

3. 忠实

忠实强调和睦文明、忠实互让、互尊互爱、夫妻一体、休戚与共。"清官难断家务事。""不吵架不成夫妇。""要在家庭中培育和践行社会主义核心价值观。"夫妻间的忠实义务是诚信价值观的具体化。"家庭里多的是迁就、谦让，少的是争斗。""人间从没有过一个永远快乐的家庭。"在《生育制度》中，我国社会学家费孝通先生基于功能主义视角，特别强调婚姻和家庭对子女抚育的功能，并通过生养抚育完成社会新陈代谢和世代更替，维持社会结构完整。本书认为，从社会学功能主义的视角看，婚姻和家庭都具有多元功能，在生育子女并帮助子女社会化之外，还当然包括孝敬老人、情感陪伴、经济合作等。忠实义务不仅可以通过离婚损害赔偿等予以事后法定救济保障，还可以通过夫妻事前约定，以预防和避免不忠实于婚姻的情形。有些忠诚协议构成附生效条件的夫妻财产约定，如夫妻之间约定一方出轨或者实施家庭暴力等即产生婚后共同所得以及该方婚前某些个人财产转移归受害方所有。司法实践中也存在将一些忠诚协议归属于夫妻财产约定的趋势。婚姻家庭生活中常见的"忠诚协议"，目的是保证夫妻双方在婚姻关系存续期间不违反忠实义务，在责任形式上往往课以违约金、赔偿金或者财产倾斜分配、净身出户等内容，这些与财产处置相关的约定在实质上也属于夫妻财产约定。实践中较为常见的忠诚协议、离婚补偿协议，其中涉及财产的内容亦属于夫妻财产约定的范畴，对双方具有法律约束力。互相忠实是夫妻互相尊重、互相关爱的基础，也是婚姻家庭关系得以平等、和睦、文明的基础。忠实从夫妻关系层面体现家庭情感陪伴的功能，为永恒的爱情提供制度保障，将婚姻刻画为一个爱情共同体。在家庭文明视角下，强化忠实理念和忠实义务，可以增强人们对婚姻稳定的预期，增强对爱情和婚姻制度的信心，有利于鼓励人们缔结婚姻。

4. 团结

家庭文明视野下的团结，致力于维护身份关系和谐安定、实现家庭共同利益。当前中国社会离婚对数高、结婚对数低、离结对数比高，闪结闪离、轻率离婚现象严重。《民法典》婚姻家庭编鼓励缔结婚姻，反对轻率离婚，维护婚姻等身份关系的和谐安定。长期的夫妇关系是抚育子女所必需的条件。《民法典》第1077条规定登记离婚冷静期制度。2018年9月5日《民法典各分编（草案）》第854条增加离婚冷静期的规定。立法机关在"关于《民法典各分编（草案）》的说明"中指出：实践中，由于离婚登记手续过于简便，轻率离婚的现象增多，不利于家庭稳定。为此，《草案》规定了一个月的离婚冷静期，在此期间，任何一方可以向登记机关撤回离婚申请。

团结就是力量。家庭成员间应当互谅互让、和睦团结。《民法典》第 1043 条第 2 款要求家庭成员互相帮助。家庭是一个合作的团体，一切合作的团体都有着反抗破裂的潜在力量。"家庭被经常部分地定义为一群人为追求经济目的而合作所形成的经济单位。……在现代社会，大多数生产性活动在家庭之外进行，但是，家庭仍然是经济活动的重要单位。"个体工商户、农村承包经营户的债务性质识别都强调"户"的团体性、经济合作、同进同退、休戚与共的特点。家庭成员之间全面合作，致力于增进家庭共同利益、整体利益，避免功利算计。家庭生活也注重家庭成员之间的共建、共治、共享。《民法典》使得"户"的民法地位和团体性品格得到了充分肯定，《民法典》不会淡化家庭成员与"户"之间的紧密联系。在现代社会，随着企业等经济组织体的产生和壮大，家庭的主要经济行为已由生产转为了消费。人们以家庭为单位，进行着最主要的购买消费。《民法典》第 1064 条规定夫妻共同债务认定标准，共债共签仅仅是构成夫妻共同债务的情形之一，还要注意基于家庭日常生活需要和超出家庭日常生活需要但用于夫妻共同生活或者共同生产经营的"共同用途论"，这也符合权利义务相一致原则，正所谓"有福同享、有难同当"。

第四节　学校生活中的法律

一、生活中的民法典意识

大学生大部人是成年人，是完全民事行为能力人，可以独立实施民事法律行为。《民法典》作为"社会生活的百科全书"，与每位大学生的生活都息息相关。在建设法治中国这一新时代背景下，当代大学生肩负着实现民族复兴的大任，是依法治国的参与者和中坚力量。从出生到上学，从结婚生子到财产继承，作为家庭、社会中的一员，我们的一生都需要产生各种民事法律关系，《民法典》调整的正是这些法律关系。《民法典》涵盖了丰富的内容，与其他部门法相比，民法与人们的关系最为密切。《民法典》不仅能够从法律知识层面上帮助大学生了解他们享有哪些民事权利，懂得民事权利被侵犯时如何寻求正确的救济途径，还能使大学生在学习的过程中不断触及《民法典》传递出来的价值判断，感受中国特色社会主义法律"以人为本"的优越性。

《民法典》的立法宗旨和目的就是充分反映人民群众的意愿，保障私权，维护广大人民群众的利益。《民法典》是国家对私权领域的承认和保护，防止公共权力的干预，所以我们也将其称为"民事权利的保障书"。《民法典》作为"权利保障书"，其以权利为主线，明确规定了民事主体所享有的各项权利和义务，并在最后将侵权责任独立成篇，构成一个从确权到救济的权利体系。通过对民事权利的介绍，大学生可以了解在《民法典》的框架下自然人享有哪些权利，懂得在行使自身权利时的限度与边界在哪里，理解"权利止于权利"的含义、"权利与义务为什么总是成对出现"以及"没有无缘无故的权利，也没有无缘无故的义务"的现实含义，帮助大学生了解当民事权利被侵犯时所享有的救济途径和方式以及不履行法律规定的民事义务时应当承担的民事责任。在民法知识点的支撑下，《民法典》能很好地帮助大学生增强主体意识、权利意识、义务与责任意识。通过对《民法典》的学习，大学生将会逐步了解《民法典》是如何对人们的生命健康、财产安全、交易便利、生活幸福、人格尊严等各方面的权利进行保护的，从而认识到《民法典》"以人为本"的立法理念，进一步感受中国特色社会主义法律的先进性以及给予人们的人文关怀，从而信仰法律、自觉遵守和维护法律。

二、大学生创业中的法律意识

大学生数量不断增多，就业竞争日益激烈，就业形势不容乐观，愈来愈多的大学毕业生选择自主创业。然而在创业的同时，由于缺乏社会经验及防范意识，不得不面临法律风险，不仅创业失败背负债务，情况严重的甚至要承担相应的法律责任。大学生在创业中应注意以下几个方面的法律知识。

（一）创业模式及创业项目方面

创业模式及创业项目的选择与大学生创业结果有着必然联系，这其中蕴藏着法律知识。以创业模式为例，一些大学生为提高创业效率，降低市场开发的时间成本、经济成本、人力成本等投入，往往会选择加盟的形式来创业，但对于加盟项目的合法性以及是否取得特许经营资格等缺乏有效识别，也未通过法律咨询去加以防范，便贸然开始创业，由此产生法律纠纷。此外，创业项目的选择也隐藏着一定风险，大学生在选择创业项目时，通常会选择与自身专业相关或符合自身兴趣爱好的行业，如软件开发、环保科技等，这其中就涉及专利、商标、版权等知识产权方面的法律知识。

（二）经营场所租赁方面

大学生创业不可避免地需要租赁场地作为经营场所，但在租赁经营场所的过程中，对于出租场地的归属权即出租者是否具有对场地法律意义上的归属权，未能有效辨别。此外，出租场地手续是否齐全，租赁性质与实际用途是否相符，租赁期限未到或超期，以及签订租赁协议时未明确承租人是否有对租赁场所进行改、扩等权利，均会造成法律风险。

（三）劳动关系方面

大学生创业走上正轨取得一定成效后，随着创业规模的扩大，会涉及人员招聘的问题。此时大学生应意识到自己的角色已由创业者转换成用人单位老板，应与应聘录取者签订书面的劳动合同，建立劳动关系，明确双方的权利和责任，并按劳动合同法规定为员工缴纳社会保险金，按劳动法规定与员工进行劳动合同后期的续签、解除以及辞退员工等相关事宜，同时完善人事管理制度。因此创业者需了解与劳动法相关的法律法规知识，以免发生违法招聘、劳动合同签订不合理等纠纷，从而造成员工走上劳动仲裁维权之路，双方对簿公堂。

（四）合伙创业方面

大学生创业之初，由于资金、人脉等有限，有些毕业生会选择合伙创业。而合伙人或合伙企业应明确标出自身的投资方式、利润分配以及亏损分担等内容。这其中出资方式不同相应地需明确的细则也不同，如有的合伙人是以资金出资，有的则是以技术出资。而合伙企业的性质不同，其承担的债务责任也不同，如普通合伙企业与特殊合伙企业，二者在债务上承担的责任也存在着差异。因此需要创业者了解与之相关的法律规定与原则，以免因利润分配或亏损分担而陷入法律纠纷。

（五）税务税收方面

国家为鼓励大学生创业，在税收方面给予了相应的优惠政策，但同时这些政策在期限或减免等方面均有一定限制，这就需要创业者对于税收方面的法律知识有着正确认识，并按法律规定及时缴税纳税。但部分创业者出于节约资金的考虑，会在创业之初自行掌管财务，或招聘缺乏经验的财务人员，由于创业者自身对税收的不重视或者财务人员工作能力有限而带来税务上的法律隐患。

第五节　网络生活中的法律

一、校园贷款法律意识

网络空间的鲜花与陷阱并存、"天使"与"恶魔"同在。改革开放以来，我国经济发展迅速，信息化时代的到来改变了人们的日常生活方式和消费观念，消费意识逐渐由原来的传统消费变为超前消费。大学生作为庞大的消费群体，其消费需求也让资本市场趋之若鹜，"校园贷"由此产生。许多贷款平台利用大学生的消费心理和需求，纷纷打着低利息、低门槛的方式，实际是高利贷模式来吸引大学生借贷。大学生缺乏社会经验，对金融知识和相关法律不了解，再加上缺乏相应的法律规范和监管，高利贷、"校园贷"的现象频繁发生，引起了社会的广泛关注。校园网络借贷主要是以大学生为主，他们大多数没有稳定的经济收入，也没有丰富的社会经验，在心理上相对稚嫩，部分大学生还存在攀比心理，这些都使他们对校园网络借贷的防范意识较低，容易受到宣传广告的影响。此外，大学生对网络借贷的相关法律知识和信用问题不了解，不知道违约会有什么影响。校园网络借贷会通过互联网发布相关信息，或者在校园里招聘业务代表进行推广，这些大学生对相关的知识并不了解，而借款审核的方式也存在明显漏洞，这就导致校园代理监管混乱，从而引发了一系列问题。另外，业务代理主要是以提成结算收入的，在高收入的诱惑下，许多学生为了增加收入骗取他人信息，甚至出现"裸贷"的现象。我国关于借贷方面的法律主要是民法中的民间借贷，而这种借贷只是针对一般的借贷情况，对网络借贷并没有明确规定。校园网络借贷大多有着侵犯人身权和财产权的隐患，比如债权人为了索要债务，逼迫大学生从事色情交易，甚至还有非法拘禁的行为。由于没有系统的规范指引，很多网贷机构仅仅凭借网络就可以肆意侵害大学生的合法权益，久而久之，校园网络借贷问题逐渐严重。大学生在平时应当积累金融知识和理财知识，增强防范金融风险的意识，树立一个正确的消费价值观念，并了解相应的金融法律法规，强化自己的法律意识。

二、网络信息法律意识

网络信息的开放性和共享性，在为人们提供多元化信息的同时，也造成各种信息混杂于网络空间。网络违法犯罪活动是伴随网络科技的发展而产生的一种犯罪形式。学生网络违法犯罪活动主要是利用计算机网络进行网上欺诈交易、盗窃、侵害他人财产、建立淫秽网站、传播淫秽信息、散布反动言论、制造网络病毒等，对整个社会安全造成一定威胁。对于大学生群体而言，他们的身心发展不成熟且对社会充满猎奇心理，加之能够熟练操作网络技术，使得近年来大学生网络行为失范常有发生，大学生网络违法犯罪数量居高不下。网络环境下，大学生应当树立正确的法律观念，了解网络相关法律知识，以免越过法律红线，造成不可挽回的损失。

第四章　大学生法律意识与教育问题

大学生思想开放、思维灵活，是我国社会主义建设的主力军，大学生的法律意识关系到我国依法治国政策方针，如何培养具有强烈法律意识的新时代大学生是我国高等教育的新课题。本章从法律意识和教育角度出发，探讨大学生法律意识和教育的问题。

第一节　大学生法律意识现状

一、培养大学生法律意识的重要意义

当代大学生作为社会主义事业的接班人，是否具备法律意识对于自身的发展会产生极大的影响，与此同时，法律意识的强弱也会给社会的发展带来不同程度的影响和意义。大学生法律意识的强弱能够直接地反映出一个国家的法治水平，所以需要加大对于大学生法律意识的培养力度，让每一位大学生都拥有一定量的法律知识，促进我国社会主义健康、有序的发展，并满足高速发展的社会对于当代大学生的要求。"依法治国"是我国长治久安的根本，也是保障高等教育事业发展的核心基础。随着社会环境的变迁与发展，大学生被侵权事件频发，不仅影响高等教育事业的可持续发展，也给社会大众带来了诸多恐慌。在教学改革背景下，大学生法律意识培养模式日趋更新，传统教育观不仅制约大学生参与法律维权的积极性，也会削弱大学生在社会主流局势中的主体地位。改革开放以来，我国高等教育在变革中不断调整，实现了教育理念与教育模式的双重改革。大学生作为未来社会主义事业的主要建设力量，其不仅需要极强的专业知识能力，更需要具备优良的法治思维能力。培养大学生的法律意识，不仅能保障国家依法治国方略的落实，还能实现高校法律教育的目标，同时也能促进大学生综合素质的提升。法律意识是当代大学生的必备素养，对国家、学校和学生具有时代意义。

（一）培养大学生法律意识的重要性

1. 社会主义市场经济发展的需要

大学生的法学基础、法律意识等，是影响现代化建设的重要因素，能够直接影响到我国市场经济发展的进程。虽然市场经济是在自由、公正、公平的基础上进行的，但是不具备强制性，如果没有法律的支持，人们在追求利益的过程中，就非常容易违背这个原则。因此，参与到市场经济中的人员需要具备非常强的法律意识，对市场经济中的主体精神给予认同。而大学生作为中坚力量，需要适应社会的实际发展情况，提升对自身的要求，不仅需要拥有良好的专业知识，同时也要时刻关注当前国家经济的发展趋势和动态变化情况，促使自身形成一定的法律意识以及对应的法律信仰，以此保证能够成为符合市场经济要求的全面发展的人才。

2. 高校学生素质全面发展的需要

在高校中开展的思想政治教育，其主要目的就是要培养大学生的法律意识。当前处于信息高度发达的 21 世纪，随着生产力以及人民生活水平的不断提高，社会对于综合素质人才的需求量也越来越大，在这种情况下，人才的竞争也变得越来越激烈。大学生除了作为普通公民之外，在未来的专业技术或者管理岗位中，也有着职业所要求的责任和义务。而遵守行业规范和相关法律，是对从业者最基本的要求。尤其是处在特殊岗位的人员，比如掌握着巨大的资金支配权力、担任国家和政府的重要职务、负责重大的项目安全管理等工作，对于其个人的职业素养有很高的要求。而在高校的教育阶段，加强学生对法律的认识和熟悉，培养学生的法律意识，就显得十分重要了。在综合素质中，法治素养是一个重要的指标，也是高素质人才必备的素质，因此，重视法学教育，能够保证学生成为社会需要的综合型、全面型人才。高校作为培养具备高素质全新人才的重要阵地，需要真正培养出对社会拥有一定益处的综合人才，承担起实现思想政治教育的重要责任，以此保证学生能够实现全面发展。只有这样才能够使学生真正成为一名守法、懂法的合格人才。

3. 国家依法治国战略实施的需要

大学生群体的世界观、价值观、人生观尚未定型，这一年龄段本身对于真伪欠缺一定的判断能力。大学生是思维活跃、开放的主体，他们善于接受新事物、新思想，同时又善于将其运用于实践，在实践之中发现错误、反馈错误、最终解决错误。缺乏社会阅历的大学生群体则更容易引发违法犯罪行为，在一定程度上影响到国家的长治久安。加强大学生法律意识教育，有利于大学生更加坚定理想信念，敢于抵制错误思想，有利于大学生在社会生活的方方面面都能够保持清醒的头脑，以始终维护国家和人民的利益为底线，为自己建起思想的安全网。全面推进依法治国，既要完善立法，又要推进司法改革。大学生是全面依法治国的主体，加强他们的法律意识教育，引导他们对法律的积极认可与遵守，是坚持全面依法治国的保障。

4.社会主义和谐社会建设的需要

公平、正义与民主是和谐社会、法治社会建设的关键。若想快速实现民主法治，将公平正义落到实处，就要不断加快社会法治化进程，贯彻平等、公正原则，加强法律权威性，做好法律普及与提升普法宣传力度等工作。新时期背景下，我国大学生承担着民族复兴与国家富强的希望，改善大学生法律教育、培养其法律意识具有必要性。大学生作为高知群体，对于社会进步和发展有着促进作用，在法治国家以及和谐社会建设进程中，我国大学生群体所发挥的作用不可替代。若不具备较强的法律意识和法律素质则无法成长为全面发展的新时代合格人才，也难以顺应社会发展需要。所以，大学生对于法律理论内容的了解与掌握、法律意识的深化、法律信念的养成以及法律技能的提升，均成为当代大学生法律教育的关键内容。学生的法律意识唯有满足社会发展需要，并顺应时代主流，才可真正发挥学生于社会群体中的重要作用，推进社会主义事业法治化进程，进而在社会中发挥模范作用与带头作用，实现和谐社会建设。

5.国家人才强国战略实现的需要

中国特色社会主义高等教育以塑造学生创新精神和实践能力作为重要目标。目前，打造大口径、强基础的素质教育成为高等教育改革的重要方向，以塑造大学生德、智、体等全面发展为主要目标。其中"德"在各方面发展中起根本性作用，而法律素质是"德"的重要内容。大学生的法律素质教育包含法律意识、国家主人翁意识、公民意识、民主意识等多种内容的教育。法律素质教育能有效引导大学生牢固树立法治观念。此外，青年大学生处于人生观、世界观、价值观的塑形阶段，在青年时期加强法律意识教育的效果较之于其他阶段更加深入、巩固。按照党的十九大总体战略部署，全面建成小康社会需要更加坚定地实施人才强国战略，而人才队伍建设需要更加完善的制度支撑。改革开放至今，受各方面因素影响，我国各个领域的人才发展工作尚缺乏法治的强大推动力，人才法治建设在一定程度上遭遇了瓶颈。大学生是我国人才强国战略的主体。大学生主体的法律意识是其成才的重要因素，法律意识是否完善直接关系到人才质量，关系人才强国战略实施。

（二）培养大学生法律意识的意义

1. 有利于国家落实依法治国战略

依法治国战略的落实不仅关系到国家法治化进程的推进，也关系到党执政兴国、人民幸福安康以及党和国家长治久安愿景的实现。而依法治国战略要想得到有效落实不仅需要对制度层面的内容加以完善，还需要对公民的法治思想进行培养。就目前来看，随着《民法典》以及系列法律的出台，我国法治建设在制度层面已经取得了较为显著的成绩，但在公民法治思想观念的培养层面仍有诸多欠缺，公民的法律意识以及维权意识仍显不足。因此，为了使公民能通过法律途径维护自身的合法权益，有必要加强对其法治思想观念的培养。而大学生作为国家法治化建设的精英力量，其法治观念的强弱直接决定了国家社会主义法治化的进程。并且，根据相应的调查统计数据显示，截至2020年5月，我国高校在校规模人数已经突破了4000万人，在国家贯彻与落实依法治国战略过程中，该类群体的地位举足轻重。因此，对大学生法律意识的培养，有利于提高其对法律的认识与理解，进而增强其法治观念，最终在思想层面促进国家依法治国战略的落实。

2. 有利于大学生的健康成长

从学生的角度来看，拥有良好的法律意识能够保证学生真正健康成长。法律在当今时代中的作用不断凸显出来，人们在日常生活中离不开法律法规。为了更好地适应社会生活，人们就必须要拥有良好的法律意识和法治素养，拥有良好的明辨是非的能力。从大学生犯罪的动机进行分析可以发现，很多学生出现犯罪行为都是由于不清楚可能造成的法律后果。因此在学生能够有效接受知识的学校中，需要积极、有效地对大学生实施法学教育，使学生能够拥有良好的法律意识，用法律知识保护自身的合法权益，并且保证不侵害到他人的权益，以此保证能够为学生今后更好地适应社会生活以及健康成长奠定良好的基础。

3. 有利于维护和谐的校园气氛

国内大学生犯罪率一直处于上升状态，以盗窃罪、故意伤害罪、抢劫罪为主要犯罪行为。大学生犯罪，不仅危害社会治安与稳定，也对高校和谐发展产生负面影响。这也客观地反映了高校法律意识培育不足的事实。只有加强大学生的法律意识，才能构建遵纪守法的和谐校园；只有维持法律教育及专业教学的可持续发展，才能维护社会稳定。加强大学生法律意识培育力度，对维护学校环境、确保依法管教，维护安全秩序，积极构建平安校园、法治校园具有重要意义。培养学生的法律意识不仅能有效避免校内违法犯罪事件的发生，还能让学生更好地维护自身的合法权益。

4. 有利于实现思想政治教育的目标

高校思想政治教育目标的总体指向是"立德树人"，"立德"侧重于对大学生思想层面的培养，而"树人"则侧重于对大学生能力层面的培养，并且，该种目标的内涵也会随着时代的变迁而不断注入新内容及新思想。在国家全面推进依法治国战略实施阶段，对于高校而言，其也需要响应党和国家战略方针，加强对学生法律意识的培养。此外，高校不仅是大学生世界观、人生观、价值观形成的重要场所，也是为社会、国家输送优秀人才的主要阵地。通过对大学生法律意识的培养，不仅能在高校校园内营造良好的法治文化氛围，还能引导学生形成"遵守法律、信仰法律"的优良品德，最终促进高校思想政治教育目标的实现。

5. 有利于大学生综合素质提升

大学生自身的法律意识对其综合素质的提升具有极强的能动作用。尤其是面对现代化的社会，大学生由于自身阅历的不足，在辨别是非能力上稍有欠缺，很可能受到拜金主义、享乐主义、个人主义等错误价值观的影响，甚至还会产生违法犯罪现象。因此，在高校层面，加强对大学生法律意识的培养不仅能促使学生形成正确的三观，以使其用理性的眼光来看待各种社会现象，从而抵御各种社会不良风气的侵蚀，还能增强他们运用法律进行自我保护的能力，在遇到违法犯罪活动时，能积极维护法律所赋予的权利，敢于同邪恶做斗争。

此外，在现代社会，人才竞争的重要性越发凸显，而大学生要想在激烈的市场竞争中获取优势地位，就需要具备更强的综合素质能力。在此种背景下，大学生自身价值的全面提升显得尤为重要，其中法律意识在大学生综合素质评价中所占的比重也不断上升，所以，高校加强对大学生法律意识的培养，能有效促进大学生法治思维的养成，进而促进其综合价值的提升，最终更好地满足社会发展的要求。法律素质是评价学生个体综合素养的主要标准之一，当今，国家注重人才的全面发展，而这在某种程度上要求学校通过教育来增强学生的法律意识，具体涵盖完善的法律知识体系、坚定的法律理念，以及法律知识实践应用水平等，从而使学生树立坚定的法律信仰。一直以来，我国都十分重视改善与强化学生的思政教育。在此过程中，要求大学生个体自觉生成遵纪守法的积极理念，学校在学生专业文化素养培育及法律意识培养过程中，应重视两者的融合整合，强化学生们法律意识，推动其综合素养水平的提升，从而落实学生个体全面发展的核心教育目标。

6. 有利于大学生自我法律保护

当前，大学生对法律意识的认知与理解多数停留在理论层面，没有在实际生活中遇到法律问题，导致大学生对法律的内涵要求理解得不够透彻。由于大学生法律意识薄弱，在遇到不合法待遇或侵权问题时，多数学生选择采用沉默、忍让的方式处理问题。调查显示，80%以上的大学生不懂得如何运用法律知识来保护自己的合法权益；仅有不到15%的大学生懂得法律的保护作用，但依旧不熟悉法律保护的运作流程。例如，多数大学生对于刑法、婚姻法等法律专业知识只在基础层面有所了解，未对法律知识进行深入研究，并且不知道如何运用相关法律条文。培养大学生法律意识能够引导其尊法守法，严格按照法律规定参与社会实践或处理相关事务。

7. 有利于大学生坚定法治信仰

法治信仰是依法治国方略中的重要因素之一，所谓法治信仰是指人们在对法的理性认识的基础上，发自内心地产生对法的一种信赖情感和观念倾向，并将法治作为其实践准则和处理问题的最高标准。习近平总书记曾指出，法律要发挥作用，需要全社会信仰法律。拥有坚定法治信仰的大学生，会把法治信仰内化于心、外化于行，当自身合法权利受到侵害时，会运用法律武器来维护自身权利；当用法律保障自身权利实现的同时，也能够按照法律规范履行应尽的义务，能够运用相关法律来评判社会事件。大学生法治意识的增强，能够增强他们对法治的认同，增强他们对法治的依赖，坚定他们的法治信仰，为国家法治建设添砖加瓦。

二、大学生法律意识取得的成效

近年来，随着党和国家不断加大普法教育力度，加上高校法律基础课的全面开展，大学生法治意识的增强状况初有成效。大学生法治意识的增强主要体现在几个方面。

（一）具有宪法、法律至上理念

宪法、法律至上是指在整个社会系统中，宪法、法律是具有权威性和至上性的，任何国家机关、社会团体和公民个人都需要遵守宪法和法律。从调查报告中，我们可以发现大学生已初步具有明确的宪法、法律至上理念。

第一，赞同、信服宪法和法律。高校法律基础课程的全面开展，使大学生对我国的法律知识有了初步的了解。大部分大学生都了解并认同宪法是我国的根本大法，知道宪法具有至高无上性——在整个法律体系中处于最高的地位，任何权力机关、个人都不能违背宪法，能够在日常生活中接受并信服宪法的最高约束力和最高权威性，做到依法办事，不触犯法律。

第二，尊崇、捍卫宪法和法律。在对宪法知识有了初步了解的基础上，通过网络对相关案件的报道以及教师在课堂中的案例分析，大学生已经初步具有宪法法律至上的意识，并且逐步树立了坚决维护宪法、法律权威的观念，使他们能够在日常的学习和生活中自觉遵守、维护宪法和法律。

（二）大学生守法意识逐渐加强

守法意识是法治意识所包含的一种形态，是人们是否遵守法律来实施自己行为的想法、心理的总称。法治是社会政治文明发展到某一阶段的标志，法治社会越来越要求公民能够依法办事，法律逐渐成为人们沟通各种社会关系以及解决各种社会问题的重要凭据之一。随着高校法律基础课的有效开展，普法栏目、新闻媒体对法律有关知识和相关案件的报道，以及大学生自身心理发展的逐渐成熟，促使大学生的守法意识逐步增强。

三、大学生法律意识存在的不足

（一）大学生法律规范认知模糊

知法是懂法、用法和护法的基础和前提，能否清楚地了解法律规范是衡量大学生法律意识程度高低的重要标志之一。作为大学生，他们要比一般社会成员接触、学习了更多的法律规范和法律知识，但是根据调查结果显示，部分大学生存在着法律规范认知模糊的问题。

第一，法律规范要求掌握不系统。大部分非法学专业的大学生对于法律知识的掌握还停留在零零散散的阶段，并没有形成系统的法律规范认知体系。他们了解的法律知识涉及的大多是与自身利益相关的领域，比如消费者权益保护法、劳动法等，而对我国的根本大法宪法，以及刑法、行政法等法律了解较少，也不够系统全面。部分大学生能够知道某种行为是不是违法犯罪行为，但是这一行为触犯法律后会有什么惩罚，他们并不了解。部分大学生对于基础法律知识以及相关法规知之甚少，缺乏对法律常识的正确认知。

第二，法律价值认知模糊。大部分大学生认同法律在国家、社会以及个人发展中发挥的重要作用。一些大学生可以认识到法律是顺应时代的发展要求，是避免独权专政情况发生的必然选择，但是在这背后，我国实行社会主义法律的价值追求到底是什么，很多大学生并不清楚。社会主义法律不仅要求完备的法律体系、完善的执法机制、普遍的法律遵守，更要求公平正义得到维护和实现。法律的价值追求是公平正义，是为了维护人民的主体地位，但是部分大学生并没有认识到这一点，这表明他们对于法律规范认知还是比较模糊的。

（二）大学生法律信仰不够坚定

法律信仰是增强大学生法律意识的重要内容，对于法律社会的发展起着至关重要的作用。目前大多数大学生的法律信仰较为坚定，但是少数大学生由于思想不够独立、缺乏理性的辨别与思考等原因，出现了法律信仰不坚定的情况。

第一，缺少对法律权威的敬畏。党的十八届四中全会指出："法律的权威源自人民的内心拥护和真诚信仰。"受部分别有用心的人的不良言论影响，以及大学生自身对社会生活的认识，导致部分大学生认为"权大于法"，缺少对法律权威的敬畏感。部分大学生遇到问题时不是先思考如何通过法律途径去处理问题，而总是在第一时间倾向于寻找其他办法解决问题。在部分大学生的心中并没有把法律当作解决一切问题的最佳方式，这样就会导致大学生的法律信仰不坚定，在这种情况下，就不会形成遇事找法的良性思维机制，更不利于大学生法律意识的养成。

第二，法律信仰容易受到外界影响而发生动摇。社会中一些贪污腐败、权钱交易的现象，与教师讲述的法律具有至高无上性形成了强烈的反差，这让部分大学生开始怀疑法律的权威性。当与他人发生纠纷时，本能地拒绝通过法律途径来解决，不愿意打官司，更加倾向于私下协商、找关系等传统的方式来解决问题。再者，部分高校存在管理制度不规范以及奖学金评定过程不公开的情况，致使大学生在自身利益方面以及校园管理方面并未体会到法律发挥的作用。当自身利益受到侵害时，大多数学生会由于种种原因不愿意向学校上级反映，也不相信学校会公平公正地依据规定处理问题。受这些外界因素的影响，法律信仰就成了流于形式的口号，而非内化于心的坚定信念。

（三）大学生法律思维比较薄弱

用法律的思维分析、观察和解决社会问题，早已成为社会生活中必不可少的方式。目前大多数大学生基本具备法律思维，但是还有少数大学生思想不够成熟、遇事冲动，缺乏用法律来分析、处理问题的思维，法治思维比较薄弱。

第一，缺少用法律思维分辨对错的能力。部分大学生存在着"只要我不违法，我与法律就没有交集"的想法，但是他们忽视了自身的主体性，法律不仅仅是规范人们行为的工具，更是人们维护自身权利的武器。一些不法分子利用大学生群体涉世未深、思想单纯的特点，通过网络、短视频、公众号等多种手段来制造、传播虚假言论，而部分大学生由于缺乏清醒的判断力和辨别是非的能力，在面对虚假消息和违法犯罪事件时，没有运用法律思维理性去分析网络谣言的真伪以及传播谣言这一行为是否合法，就盲目地选择轻信、传播谣言。

第二，缺少用法律思维处理问题的能力。相当一部分大学生在他们遭遇到困难时，不会运用法治思维来分析问题，不会通过法律途径来处理问题，这表明他们缺乏理性分析的能力，法治思维较弱。

（四）大学生法律参与意识不强

法律参与意识是指公民通过合法的渠道和方式主动参与社会主义法治建设，并影响法律体系、法律运行和法律效果的行为在观念中的反映。法律参与意识强不强，直接影响着大学生法律意识的增强。当前，大部分大学生能认识到法律参与的重要性，但是还有一部分大学生的法律参与意识较弱。

第一，法律知识不能应用到法律参与。部分大学生注重对法律知识的学习和积累，而忽视了法律参与意识也在增强法律意识的过程中发挥着重要的作用。法律知识的有效掌握有利于在理论层面上增强大学生的法律意识，而积极进行法律参与则是通过实践来增强大学生的法律意识，二者相辅相成、缺一不可。虽然大学生已经具备了一定的法律意识和法律素养，但是在现实生活中，能够将法律意识真正落实到实际行动中的，仍是少部分人，甚至有一部分大学生存在着消极的法律参与心态，法律参与意识较弱。

第二，法律知识不能融入法律生活。大部分大学生在内心中对社会主义法律建设充满着期待和向往，但是在他们力所能及的范围内，并没有尽己所能主动创造一个充满法律精神的氛围。相反，他们选择保持着"事不关己，高高挂起"的想法，并没有意识到法律参与也是法律生活的一个重要组成部分，从而导致法律参与意识不强。

第二节　大学生法律教育与意识养成的基本问题

一、大学生法律知识的获取

（一）学校课程

当代大学生的法律知识的获取，主要是通过高校设置的思想政治课程来实现的。在高校的思想政治课程中，有法律部分的内容。教师在课堂教学中，也会引申一些其他的法律知识来增加课堂教学的丰富性。在专业课程的教学中，虽然教材中对相关行业的法律知识内容没有涉及，但是专业教师也会在课堂教学中引用一些法律知识。另外，学生在进行职业技能考试的培训中，也会学习行业相关法律。

（二）课外读物

高校具有丰富的图书资源，高校的图书馆是信息中心。一些学生习惯在图书馆通过书籍、报刊等工具来学习法律知识，增强法律意识。通过书籍和报刊获取法律知识，会更加具有系统性和专业性。但是，由于缺乏专业人员的讲解，学生对于复杂的法律条文没有产生更加深刻的理解，也缺乏实际应用的能力。

（三）网络媒体

电视和网络等新媒体的普及，对于信息的传播来说有很大的优势，同时，也成为当下学生了解和学习法律知识的重要形式。学生在利用电视、网络进行视听娱乐时，可以了解和学习法律知识，比如一些刑侦、犯罪为主题的影视剧中涉及许多法律知识。一般情况下，学生在遇到法律方面的问题时，首先会想到通过网络搜索来获取法律知识。网络上除了会显示问题的专业解答之外，还会推送相关律师事务所的广告信息，成为学生和公民寻求法律援助的主要方式。

二、大学生法律教育的含义

（一）大学生法律教育的概念

1.法律教育

加强和改进高校法治教育，需要将高校法治教育定位为法律素质教育，必须把提高青少年学生的法律素质作为素质教育的重要内容和人才培养的基本目标，纳入教育的整体规划和高校工作的重要议事日程，切实抓紧抓好。在高校法律教育中，应当将法律素质教育作为高校法律教育的一个重点并加以强化。高校对大学生的法律教育是不同于以往阶段的，因为在之前所接受的法律教育只是一般层面上的通识认知，并没有对其进行分析思考，所以并没有达到法律教育的目的，只是所谓的启蒙。而随着大学生年龄的增长，他们开始对生活中出现的现象进行反思和总结，进而逐渐关注国内的法治建设，开始学会运用所学法律知识分析社会的现象。

2. 大学生法律教育

本书所说的大学生法律教育是广义的法律教育，指对高等院校非法律专业的大学生进行的以了解和掌握国家法律、法规和校规、校纪等为主要内容，以培养大学生法律意识为目标的法律教育过程。大学生法律教育主要以学校教师传授法律知识为主，然后通过学生自己的阅历和积累，逐渐地丰富其内容。

（二）大学生法律教育的构成

法律教育是培养大学生法律素养、增强大学生法律意识的重要途径。高校要采用先进的教育理念，确定科学合理的法律教育内容，进一步加强法律教育，培养大学生的法律意识和应用法律的能力，为国家造就大批优秀的现代化人才。

法律教育主要是关于法律的规范性教育，包括法学基础理论、基本法律知识、法治观念教育等内容。这一环节主要帮助学生"知法"，其核心是培养学生的法律意识，引导学生树立正确的现代法律观、权利义务观，结合不同专业特点指导学生了解一些部门法，丰富学生的法律知识。例如，在法学基础理论教育过程中，具体的教育内容包括法的特征、法律作用、法律制定、法的要素、法律体系、法律关系、法律责任等。在权利意识教育中，具体的教育内容包括法律规定的权利、公民基本权利的法律保障体系、权利和义务的关系等。

纪律教育是高校日常教学和管理工作的重要保证，是德育工作的重要内容，是培养学生良好行为习惯，帮助学生形成优秀品质的必要条件。纪律教育涵盖的内容较为广泛，主要包括教育方面的法律和行政法规以及学校制定的各种校规校纪。这一环节主要帮助学生"守法"。高校通过纪律教育的实施，不仅能够强化学生的法律意识，还能够规范学生的日常行为，引导学生养成良好的行为习惯。例如，在校规校纪教育过程中，具体的教育内容包括做人习惯、学习习惯、生活习惯的养成教育，这使得学生能够形成良好的行为习惯，一方面为学生以后的发展奠定基础，另一方面助力良好校风的形成。

（三）大学生法治教育的概念

1. 法治

关于法治的概念，最早可追溯到古代先哲亚里士多德的法治理论。亚里士多德认为，"法治是指已经成立的法律获得普遍的服从，而大家服从的法律又应该是本身制定的良法。"亚里士多德关于法治的定义为众多学者研究法治思想奠定了理论基础。随着时代的快速发展，法治的含义更加多元化，联合国将法治定义为，法治是指一个治理的原则，在这个治理原则下全部社会成员、单位，以及国家自身都需要对法律负责，法律在国家公开颁布、独立判决和公平施行。而且它还要求国家采取一系列方法来保证全社会坚守以下几项原则，即法律至上、对法律负责任、遵守法律、民主参与、法律的公平性、避免权力机关独断专行以及司法透明等。

在我国古代，最早可在先秦诸子的系列著作中发现关于"法治"的论述，管仲在《管子·明法》中提到"以法治国，则举措而已"，韩非子在《韩非子·心度》中表示"治民无常，唯以法治"。我国自从大力推进依法治国以来，学术界对法治进行了一番探讨。张文显教授在《法理学》一书当中提到，"法治"具有四个方面的内涵和意义，即"法治是一种治国方式和社会治理形式，是依法办事的标准，是一种良好的法律秩序，是具有价值规定的社会生活形式"。陈弘毅先生也从不同方面对"法治"进行了解读："社会秩序和社会治理、政府办事的依据、制约权力的行使、司法机关独立运行、保护人权的刑法、权利与自由、法律面前人人平等、人的价值和尊严。"

综上所述，法治是以法律作为社会治理的标准、以各种形式的民主政治作为主要内容、按照法律来治理国家和人民各项事务的一种治国方略。法治作为一种与人治根本对立的治理方式，它要求整个国家以及社会生活都要依照法律来运行，即管理国家事务、维护社会秩序，都是依靠法律这种普遍的、明确的公共权威，而不是凭借任何人格权威，不是利用权力执行者的权威甚至特权，不以他人意志为转移，并且受到人民发自内心的认同和遵守。

2. 大学生法治教育

大学生法治教育是指针对非法学专业的学生展开的，教育者有计划地对大学生进行系统性的法治教育，包括法律知识、法治思维和法治观念的传授，最后使大学生具备基本的法律素养的一种社会教育活动。简单地说就是关于"大学生"的"法治"教育，其中，教育是方法途径、"大学生"是受教育的主体、"法治"是内容。

三、大学生法律意识的含义

（一）大学生法律意识的概念

1. 法律意识

学者们对法律意识的研究多从法律意识的含义和构成要素展开。对于法律意识的具体含义，国外很多学者都提出了自己的观点。古希腊思想家亚里士多德在其著作《尼各马可伦理学》以及《政治学》中提及了法律情感和法律意识，他认为法律情感是法官在审理案件时的一种公平公正，不掺杂任何私人感情因素的情感；法律意识则是人们明辨是非和对社会公正与否做出判断的一种能力。卡列娃认为法律意识是人们法律观点的总和，是社会意识的一种形式。苏联科学院法学研究所编撰的《马克思列宁主义关于国家与法权理论教程》也对法律意识有所研究，该书认为法律意识和法权意识一样，是人们法律权利观念的总和，具体包括人们的行为是否合法、民众的权利与义务以及法律条文是否体现公平正义等。彼·斯·罗马什金认为，法律意识是人们对现行法律所持的态度和观点，体现出人们对法律行为的理解是否正当。

随着法学研究的逐步成熟和完善，我国学术界对于法律意识的定义也提出了自己的观点。《中国大百科全书》法学卷指出法律意识是人们对于现行法和社会法律现象的观点和态度的总称，具体表现为人们的法律评价、对于自身权利和义务的认识、对法律的认知和运用程度等。孙国华教授在《法学基础理论》中认为，法律意识是社会意识的一种特殊形式，是人们对于法律现象所持的观点、法律知识和心理等的总称。

本书将法律意识的定义总结为，法律意识是人们对于法和法律的观点、情感、意志等主观心理因素的总称，它是一种特殊的社会意识，是人们对法律现象的主观把握方式。从人们对法律现象的主观把握方式来看，法律意识的构成要素包括法律理想、法律知识、法律情感、法律意志、法律评价和法律信仰。

2. 大学生法律意识

大学生法律意识是大学生对于法和社会法律现象的观点、情感、意志等心理要素的总称。它涵盖了大学生对法律知识的了解和掌握、对于现行法律和法律现象的评价以及对自身权利和义务的认识等。大学生是国家的未来，身负民族伟大复兴的重任，在社会主义法治国家的建设进程中，对大学生法律意识的培养显得格外重要。大学生法律意识的增强，不仅能够使其在自身权利受到损害时及时运用法律武器来维护自身权利，还能够使大学生自觉遵纪守法，杜绝做违法犯罪的事情，做用法、护法和守法的榜样。

（二）大学生法律意识的构成

大学生法律意识的培养尤为重要。在培养法律意识之前，首先要清楚地知道大学生的法律意识是由哪些要素构成的。大学生的法律意识由法律认知、法律能力和法律信仰构成。法律认知是大学生所掌握的有关法律和国家现行法律制度的知识；法律能力是大学生按照所掌握的法律知识，在学校、家庭、社会生活中运用法律处理问题和事务的能力，法律能力是大学生思想活动的基础；法律信仰是以上要素综合作用的结果，是在理性与感性的基础上对法律产生的认同、信任和依赖，是法律意识的最高目标和最高境界。

（三）大学生法治意识的概念

1.法治意识

法治意识作为意识的重要组成部分，是社会意识的一种特殊存在形式。自我国制定实施普法规划之后，法治意识越来越受到重视，我国学者关于法治意识的定义也是众说纷纭。沈宗灵教授认为："法治意识是社会成员在现实生活中所形成的关于法治的观念、意识、知识体系的总称；是人们对法律规范、法律现象理解的最高意识。"柯卫教授认为："法治意识主要包括社会主体对法的产生、本质、价值、发展的一般规律的看法，从法律角度评价社会行为，对法律规范的理解和观点等，是人们对现行法律及法律现象的见解以及自发认同法律规范的意识。"吴高庆教授则认为："法治意识属于法意识，它是法意识中有益的一部分，是指人们对法治的思想、看法和实行法治所具有的良好的社会状态所不懈追求的理念的总称。"

综上学者的阐述，本书认为法治意识是人们对法治的正确认识并且在这种认识的基础上逐渐形成的对法治及其原则和功能的了解、支持、信任和依赖程度，具体包括人们对法治的产生、本质、功能、发展的一般规律的想法，从法律角度对社会行为进行评价，理解和遵守法律法规等。法治意识主要包含以下几方面内容。

第一，法律至上意识。它强调的是人们对法律的尊重态度，"法律至上是指法律具有至高无上的权威，神圣不可侵犯，任何组织和个人必须严格按照法律办事"。

第二，民主意识。它主要包括人们对于社会责任、个人隐私等方面的认识，主要是指人们的一种自我意识。丘吉尔提到"一切的一切都开始于相互尊重，人是有感情的动物，需要平等和民主、理解和信任"。

第三，平等与公正意识。它是指法律面前人人平等的意识。平等与公正是人们始终追求的价值取向，而这种意识也是我国政府所大力倡导的。

第四，权利与义务意识。它是指公民在自觉行使自身权利的同时主动履行相应义务的意识。习近平总书记表示，"引导人们自觉履行法定义务、社会责任、家庭责任，营造全社会都讲法治、守法治的文化环境"。

第五，守法意识。它是指人们无论是在生活中，还是在学习和工作中都应该遵守宪法、法律的规定，这是社会成员发自内心对法律规定的认同和遵守。习近平总书记也多次强调要推动全民守法，强化民众的守法意识，让公民自觉做到尊法、守法和护法。

2. 大学生法治意识

有的学者认为，大学生法治意识就是指大学生作为社会主体对法律及法治的看法。它主要表现为大学生对于法律的一种期望，一种信仰、心理和观念等。它是大学生思想意识、精神状态的表现方式之一，是大学生综合素质的重要构成部分。还有学者认为，大学生法治意识即大学生群体发自内心地对法律的认可、信仰，并且能够在实际生活中遵守和服从法律法规。也有学者将大学生法治意识定义为"大学生是居于特殊的年龄时段，并且具有独特的生理和心理需求的社会群体，通过良好的法治环境熏陶和高校法治教育的正确引导，通过对法律知识的系统学习和实践运用，在对法律知识具有正确认知的基础上，逐步产生的对法治的认可、信任并渐渐转化为自己的思想、观念和信仰"。

本书认为所谓大学生法治意识是指大学生这一特殊群体在内心深处形成的对法治的一种认知、信仰，使之能够内化于心、外化于行，并以此作为自己思想和行动的指南。从具体内容来看，大学生的法治意识主要有以下几个层面：第一，大学生的法律知识。法律知识是法治意识的载体，是法治意识产生的前提，是构成大学生法治意识的重要组成部分。王东明表示"知法懂法，是增强法治意识的前提和基础，我们要切实抓好法治宣传教育，不断丰富和提高人们的法律知识和法律素养"。第二，大学生的守法意识。守法意识要求法律规定深入人心，使学生不仅是因为外在原因而遵规守纪，而是对法律发自内心的尊重和敬畏。第三，大学生的法治信仰。这是指大学生对法律毫无怀疑的信服与崇拜，是在对法的正确认知基础上产生的一种信赖感。习近平总书记在主持我国法治和德治学习时强调，要引导全社会树立法治意识，使人们发自内心地去信仰和崇敬宪法法律。

（四）法治意识与法律意识的区别

法治意识与法律意识都属于意识形态领域，但二者又存在着很大的差别，厘清法治意识与法律意识的区别有利于人们更加清晰地把握法律意识的含义，二者之间的区别主要体现在以下两个方面。

第一，二者的定义不同。法律意识是指社会主体对于法律，特别是现在实行的法律以及与法律有关的现象的看法、心理的总称，是人们对法的产生、本质以及作用的看法，对于某种社会行为是否合法的判断，对自己权利和义务的认识等。法治意识是法律意识的高级形态，指人们对法律的正确认知，并在这种认知的基础上形成的对法治这种治国方式、社会治理模式的信任和依赖，包括他们对法治价值的认同、对法治功能的肯定、对法治原则的遵循等。第二，二者强调的内容不同。法律意识强调的是人们对于静态法律的认识，包括对法律知识的掌握和理解、对法律制度的认可。而法治意识强调的是人们对于法治这个动态过程的认识，包括对立法、执法、司法等整个法治运行的各个环节的了解和认同。

四、法律教育与法律意识培养之间的关系

大学生法律意识培养与法律教育之间存在着一种有机统一的关系，具体体现在以下三个方面。

（一）目标方面

目标是行为主体对自身行为能够到达的境地或结果的期望。明确目标是大学生公民意识培养和法律教育开展的基本前提。从目标层次上讲，高校开展法律教育旨在培养大学生的法律意识，着重强调要养成大学生良好的法律思维方式。法律教育的价值和意义在于培养法治社会的合格公民，而合格公民就必须具备法律意识。由此看来，大学生法律意识培养是对法律教育的丰富和充实，亦是法律教育的主要目标之一。作为社会主义国家，我国向来倡导法律面前人人平等，任何组织和个人都不能搞特权。合格公民应该树立和承担对国家、社会以及集体的责任，清楚地认识到自己所处的政治地位和法律地位，这决定了大学生法律意识培养与法律教育在目标上是一致的。在相同目标的指导下，大学生法律意识培养与法律教育应在内容、方法、途径等方面实现有机统一。

（二）内容方面

法律教育是一个相对模糊的概念，它通过研究一系列法律现象及发展规律进行教育。大学生可以在法学理论、法治精神和法律条例的指导下产生正确实践行为。高校法律教育的主要任务包括：培养大学生的法律认知能力；给大学生灌输当代法治概念；提升大学生的法律情感积极性；督促大学生产生守法行为。对于大学生而言，法律教育的目的是扩张法律视野、养成健康心理、建立法治情感，进而实现综合素质的提升。法律教育的核心内容体现在是否使大学生养成了法律

意识。法治理念、法治精神培养作为法律教育的重要内容，同时也体现在大学生法律意识养成的过程中。因此，大学生法律意识培养与法律教育在内容上有机统一。增强大学生法律意识，有助于加深其对法的价值的认识和理解，是他们学好法律课程的基础。同时，法律意识还反映着公民对自身权利与义务的认知程度，增强法律意识是保证民事主体平等法律地位的有效途径。在我国法治建设愈加完善的今天，培养大学生法律意识显得尤为重要。

（三）途径方面

大学生法律意识培养与法律教育在开展途径上也存在统一关系。经过长期的发展，我国高校法律教育体系日趋完善，为大学生法律意识培养创造了良好的基础条件。大批专业法律教育教学人才和科研人才的成长，进一步推动了我国法律教育事业的发展。法律教育为大学生法律意识培养提供了课程、人才以及理论等诸多方面的支持。法律教育传扬法治观念和法治精神，培养大学生正确的理想和信念，营造了和谐、稳定的校内文化环境，从而对大学生法律意识养成产生了积极促进作用。而且大学生的社会行为、生活态度、价值观念等在法律教育的重塑之后，可以对其法律意识培养起到规范、深入、全面的促进作用，在此过程中它的位置无可取代。法律意识与民主政治理论发展和社会实践有着很强的关联性，能够促进市场经济的可持续发展，是构建和谐社会的根基，对进一步完善法治建设与促进法律教育具有重要的作用。就两者的关系而言，大学生法律意识培养与法律教育既内在统一又相互促进。

第三节　意识养成视角下大学生法律教育问题及成因

一、大学生法律教育的问题

（一）学校方面

1.法律教育体系不完善

完善大学生法律教育体系是促进当代社会法治教育的重要途径。在学校中学生学习的法律知识一般都比较零散、不够完整和系统，加上学生一般只关注与自身利益相关的内容，如劳动法等，而对于一些相对比较枯燥的刑法、法理学等内容，一般无法真正掌握其中包含的内容。一般来说，在大学生进入大学校园后，他们摆脱了高中阶段沉重的课业压力与升学负担，因此，个体学习要求及全面发展等层面出现松懈现象。相对明显的表现，就是过于注重学生群体文化课知识学习与就业竞争力的加强，忽略了对大学生个体法律意识及能力的培育，以及法治观念的深化，在法律相关课程设置、法律课堂教学时间与法律教材选择等层面均发生"打折扣"的问题，在一定程度上给学生群体法律意识培育及法律教育工作开展带来了消极影响。在高校中，思想政治理论课承担着对大学生进行思想教育、政治教育、法律教育和道德教育的重要使命，但除了思想政治理论课中的"思想道德修养与法律基础"课涉及法律之外，很多院校都会将法学教育当成是选修课程，这对学生积极、主动地学习法律知识非常不利。而且就学生自身而论，存在着对公共基础课不重视的普遍现象，轻视课程中涉及的人文教育和法律精神的培育教育，功利主义和实用主义的色彩较为严重，认为系统学习一些法律知识是无足轻重的事，学好专业知识和技能挣钱才是硬道理。各高校在教学工作中，要将法律意识渗透到学生生活和学习的方方面面，让学生切身体会到法律意识与自己的生活是息息相关的，只有这样才能够在完备的法治教育体制之下，激励学生学习法律知识。然而，在当前阶段，许多高校管理者并未认识到大学生法治教育的重要性，法治教育体系的形成更是无从谈起。大学教育中，法治教育是很重要的一个角色，但由于现阶段的相关课程缺乏新意、模式僵化、照本宣科，不能从真正意义上提高青年学生的法律素养，不能使他们形成完备的法律知识体系。现阶段大学对法律课程的安排的确存在诸多不合理之处，比如，这些通识课都是在大一年级讲授的，并不能做到贯穿于整个大学学习的过程。通识课对于学生而言只是一门应付考试的课程，由于对法律类通识课的关注度不足，学生的法律意识没有得到有效的增强。

2. 法律教育师资不充足

众所周知，教师的教学综合素养水平的高低会给教学成效带来很大影响，对于培养大学生法律意识这项工作而言，更需要专业的师资团队来向大学生普及正确的法律知识。但是在实际的教学活动中，高校习惯将法律教育工作和思想政治教育工作相结合，并没有建立专业的法律教师团队，影响了当代大学生法律意识的培养成效。一方面，思政课堂上的法律教育通常是以理论知识为主的，教师占据课堂的主体地位，学生被动地接受教学内容，而当代大学生成长于经济飞速发展的时代背景下，他们大都有着很强的个性特征，渴望有机会来展示自己的学习成果，所以传统应试教育理念下的教学手段对学生来说很难调动他们的学习兴趣，他们往往只是机械地背诵考试内容来应付考试。另一方面，由于大部分思政教师的法律专业能力不够强，无法给予学生专业的法律指导，而且也不知道如何将法律理论教育和实践教育相结合，容易让学生对法律知识的理解只停留在表面，并没有更深层次的认识，所以高校应该积极建立专业的法律教师团队，为当代大学生法律意识的增强做好充分准备。

3. 教学评价机制不完善

对于高校人才培养工作来说，课程体系在教学活动中发挥着重要的导向作用，建立完善的课程体系既能提高工作效率，又可以提升大学生的专业素养，所以要想增强大学生的法律意识，高校应该积极建立完善的课程体系，对学生进行全方位的法律素养培育。然而在实际的法律教学活动中，很多高校实施的课程体系都存在一定不足，导致法律教学工作效率难以提升，比如有的高校法律课时安排较少，或者是融入其他课程中，这样很难从思想上引起学生足够的重视。不仅如此，大部分高校所采用的法律教材都没有进行与时俱进的更新，很多法律案例都年代久远，对当代大学生来说有理解难度。另外，在经过一段时间的学习之后，需要对学生进行教学考核，这样方便教师了解学生对所学知识的掌握情况。但是不少高校都缺乏完善教学评价机制的意识，现在所使用的考核制度也比较落后，无法对学生的实际学习情况有准确了解，还是习惯将学生的理论考试成绩作为唯一评价标准，因而容易打压学生的学习积极性，对其法律意识的增强有一定负面影响。

（二）学生方面

1. 知识基础薄弱

掌握法律知识的多少是衡量大学生法律素养的重要标准。当前，高校大学生法律知识储备整体不足，法律知识结构不完善。部分学生在初高中阶段没有掌握一定的法律知识，个别学生法律基础接近于零。对于当代大学生而言，法律知识是非常重要的，然而，由于受到学业压力和生活压力等因素的影响，许多大学生并未关注到法律相关知识的重要性，只注重专业基础知识的学习，而忽视了个人法律意识的增强。大学生对于与法律知识相关的社团活动参与意愿较低，对思想政治理论课上教师所讲授的法律知识的学习意愿也比较低，认为学不学法律无关紧要，忽视乃至漠视法律基础知识的学习。从个人的角度来看，这会影响大学生未来的发展和职业选择，一些大学生无法做出正确的职业选择，或在面对个人的人生和财产安全被侵害时无法拿出法律的手段来保护自己的合法权利；而从整个国家和整个民族的角度来看，大学生掌握法律的相关知识不够充分会给整个社会的发展带来非常不良的影响，容易在整个社会和整个民族形成法律意识低下的不良风气。改革开放以来，大学生违法犯罪现象逐渐增多，涉及经济、政治、文化等领域，在大学生群体乃至整个社会领域都产生了不良影响。大学生中出现违法犯罪的原因之一就是不懂法，没有深入系统地学习基本的法律知识。

2. 法律观念淡薄

法律观念淡薄也成为高校学生法律教育堪忧的重要方面。部分大学生对于法律不重视，这不仅表现为不重视学习法律知识，而且表现为当自己的合法权益受到侵害时不知如何拿起法律武器维护自己的权益。在高校中，近年来发生校园贷、兼职被骗等不安全事件的概率略有增加，大学生一旦陷入诈骗的陷阱，往往很难依靠自己的力量走出来，不懂得如何处理、如何向相关人员求助。因此，可以看出，大学生缺乏对法律知识的认知，在日常学习生活中，缺乏对不法分子的防范意识，一旦权益遭受侵害，也无法选择恰当的法律武器保护自己的合法权益。面对繁杂的法律知识，大学生往往会感觉无从下手、十分迷茫。高校相关管理者在对学生进行法治教育的同时，要引导学生拿起法律的武器保护自己的合法权益，只有这样才能够加深学生对社会主义法治建设的认识，使他们认识到法律与自己的生活是息息相关的。

3. 功利思想严重

近年来，多数学生存在较大的就业压力，在大学既定学业完成后又疲于考证、考研等。大学生就业难现已成为社会现实问题之一，引发了诸多大学生在学习方面的极端功利化。比如，多数大学生在上学期间消耗过多精力用于英语学习，为日后考取证书奠定基础，忽略对法律知识与国家相关法规的学习，也忽略了个体综合素养的全方位提升。与此同时，部分从事学生工作的教师，包括班主任与辅导员，以及从事学生工作的各院系副书记于学生入党、评优评先和提干等工作当中，并未贯彻民主精神，在这些工作过程中普遍存在浮于形式的问题，在客观层面也弱化了部分大学生对于民主法律的坚定信仰，强化了大学生的功利化程度，对其法律意识培养及法律教育具有不利影响。

（三）社会方面

1. 腐败现象影响法律信仰

大学生仍处在心智发育阶段，尚未达到成熟状态，社会生活中出现的各种行政腐败现象已经对学生内心产生诸多消极影响。部分大学生在上学期间对于学生工作表现出的热忱，并非其内心深处想要获得锻炼与提升，从内心深处热爱为大家服务，而是为了满足个体追逐权力的渴望。而社会实际生活当中所呈现出的部分司法腐败现象，导致大学生形成社会不公平这一认知。在大学生就业竞争过程中，此种错误认知被不断强化，择业就业不再是以能力为主，而是"拼关系"。这些社会中的腐败现象在客观层面弱化了当代大学生的法律信仰。坚定的法律信仰的养成绝非一日之功，需要人们不断学习法律知识，将尊法守法上升为人生信念。高校学生学习自主能力较为欠缺，日常行为约束不够自律，导致部分学生只信门路不信法律、只信关系不信技术。这背后反映出来的是部分高校大学生对于法律的敬畏意识不够，法律信仰不够坚定，缺失法治精神和法律素养。近些年来，社会领域的法治困境依然存在，权法交易、司法腐败等现象对于大学生的法律信仰也形成了一定的冲击，部分大学生认为法律信仰只是虚无缥缈的东西，信不信仰无关紧要，反映出了目前高校大学生法律信仰不容乐观的现象。

2. 网络多元化思想的冲击

网络飞速发展在给人们的生活、工作、学习提供便利的同时，也带来了一定的负面影响。由于网络的发展，各种各样的思想进入大众视野，大学生容易受到各种思想，尤其是一些不良的社会风气的影响。面对残酷的现实，大学生在实现理想抱负时遭遇到难以跨过的挫折，会使学生积极进取的信念备受打击，出现了很多无法调和的心理障碍。除此以外，大量的信息充斥在网络时代，尽管有益于大学生身心健康的信息占大多数，网络上也充斥不良信息以及不负责任的舆论错误导向，但大学生抵制不良信息侵蚀的能力较差，容易受到误导与刺激，做出不正确的事情甚至违法犯罪。大学管理相对宽松、时间相对充裕，部分大学生忽视社会活动，更易陷入狭隘的信息茧房中，甚至对现实社会互动产生恐惧，容易形成孤僻、冷漠的性格，对各类活动丧失参与意识及兴趣。同时，大量不良网络信息的接触严重影响大学生法律意识的形成，导致其法律知识缺乏、法律能力不足。

（四）家庭方面

1. 家长法律意识不足

大学生法律意识的形成也与家庭教育有着密不可分的联系。在很多中国家庭中，家长有绝对权威的地位，孩子要遵从父母的意愿，孩子的成长深受原生家庭的影响，家长法律意识水平也将对孩子产生最为直接的影响。如果家长法治意识淡薄，极有可能成为反面榜样，甚至引导大学生走向违法犯罪的道路。

2. 家庭教育比较片面

当下，许多家庭在教育上存在片面性，家长常常更重视学习成绩，忽视孩子其他方面的教育。现在的大学生基本为 2000 年以后出生，家庭经济条件好，家长对孩子有求必应、过于纵容，无节制的满足也往往会导致孩子在学习上比较功利，唯分数论，对其他知识的学习缺乏主动性，也在一定程度上导致他们的法律意识淡薄。

二、大学生法律教育问题的成因

（一）高校对法律教育的轻视

高校是人才培养的主阵地。在高校教学育人工作中，大学生法律意识的培育并未得到足够重视，"思想道德修养与法律基础"等课程，重视思想政治与道德教育而轻视法律教育，重视知识教育而轻视素质教育。当前多数高校对大学生法律意识的培育依然以单纯的知识灌输、传统的课堂讲授为主，重视守法教育而轻视权利教育。在高校结构中，大学生法律意识培育工作，没有具体的主管部门或责任机构。顶层设计存在分工不明、职责不清的情况，直接影响人才培育方案的科学性、有效性，影响法律意识培育方案的具体实施。在高校，法律相关教学及法律意识培育活动，在内容上以理论为主，相对抽象，针对大学生所需的就业、创业、生活的法律知识与课程较少，偏离了大学生的实际需求，对学生吸引力不强，导致学生学习兴趣低、目标性不强，学习书本上的法律知识仅仅是为了应付考试。

（二）法律课程设置的缺失

高校学生在校学习法律知识的时间较短，一般都在大一大二公共课中学习，这其实是学校的培养方式决定的，尽管学生认为有必要增强法律意识，也认识到掌握一些法律知识很重要，但现实是目前高校所设置的课程中，涉及法律的内容明显不足。法律意识的薄弱，一方面是缺乏法律常识，另一方面也体现在难以将所掌握的法律知识运用到实际生活中。比如，面对违法或侵权行为，明知应当维护权利却在应当行动的时候退缩，选择忍气吞声或选择私自协商。课堂并不是高职学生获取法律知识的主要渠道，相比之下，网络新闻媒体成为更大的知识获取来源。带有法律基础常识性的内容分散在各门学科中，举例来说，《思想道德修养与法律基础》中有一章涉及法律方面的内容，包括：①社会主义法律特征和运行；②以宪法为核心的中国特色社会主义法律体系；③建设中国特色社会主义法律体系；④坚持走中国特色社会主义法治道路、培养法治思维、依法行使权利与义务。受到教学时长的限制，在课堂上，法律知识内容无法具体展开讲解，甚至可能会在课时不够的情况下"一带而过"。课堂教学作为高校学生获取知识的重要阵地，在教授大学生法律知识、增强他们的法律意识这一方面，还有很大的提升空间。

第四节　意识养成视角下大学生法律教育的内容

一、大学生法律教育的背景

（一）我国法律体系的完善

完善的法律体系，是全面依法治国、建设社会主义法治国家的重要内容。如何让法律条款真正发挥其重要作用，这就需要广大公民树立法律意识，坚定法治信仰，尊法、懂法、学法、用法。只有增加对法律规范、法律制度的理解，才能增强法律意识观念。如果公民都能够遵守法律规范、依法开展活动，将会极大推进我国依法治国的重要进程。党的十八大以来，国家法治工作站上了新的高度，以推进国家法治建设现代化为出发点，谋划战略布局，开启了依法治国的新征程。立法着眼于科学性，以人民代表大会为主导，立法与改革共同协调推进，更赋予地方立法权，如今，已出台 300 多件地方性法规。与此同时，政府法治意识也明显增强，依据法律法规应对各类突发事件的能力有所提高。《民法典》的颁布和实施，也说明我国各项法律条款越发完善。

（二）全民法律意识的增强

随着社会主义法治信仰逐步确立，公民法律意识明显增强。但不可否认的是，一部分人对法律存有功利性的心理，法律对自己有利的时候就坚信，法律对自己不利的时候，就完全不顾法律权威、肆意践踏，这是完全不利于司法公正的行为。法律意识的养成也要依靠人们对自由的理解，其中一个解释是自由的前提是不应该损害他人的自由。如果人们能够遵循这一前提规范约束自己的行为，对于理解法律法规将有重要帮助。增强公民法律意识，对规范和强化权力主体职责提出了要求。无论对领导干部还是普通公民，法律的标准都是唯一的，同时，作为领导，应当积极起到带头作用，以身作则，不能唯权是从，做任何事都要以法律为前提，拥有法律思维，坚定法律信仰，有法必依。这样才能带动普通公民相信法律、遵守法律、尊重法律，促进公民在遇到侵权行为时，通过法律维护自身权利。

（三）我国法治建设的加快

加快推进我国法治建设，还要求全社会联动，提升法律教育的地位。一个人如果能够了解法律所规定的权利和义务，就不会越出法律规范的界限，也不会侵犯他人、集体的权利，只有这样才能维持以法律为基础构建起的社会共同生活秩序。我们应当认识到，培养行为主体的法律意识是一项有长远意义的基础性工作，应该从头抓起、从小抓起，这就要求在国民教育中提升法律教育的地位。促进全社会联动，在增强法律意识的过程中肩负起重要作用，整合社会资源，搭建社会平台，建立学校、家庭、社会"三位一体"的法治教育网络。我们应该清楚认识到现阶段我国义务教育、高等教育中法律意识培养的不足，应该改善教学理念，传授更多的法律知识。

二、大学生法律教育的内容

（一）法律认知教育

1.法律认知概念

（1）认知

认知即认识和感知。心理学中的认知也可以称为认识，是指人们认识外界事物的过程，或者说是对作用于人的感觉器官的外界事物进行信息加工的过程。它包括感觉、知觉、记忆、思维、想象、言语，是指人们认识活动的过程，即个体对感觉信号接收、检测、转换、合成、编码、储存、提取、重建、概念形成、判断和问题解决的信息加工处理过程，是指通过形成概念、知觉、判断或想象等心理活动来获取知识的过程，即个体思维进行信息处理的心理功能。而心理学对于认知的定义有广义和狭义之分。广义的认知与认识的含义基本相同，指个体通过感觉、知觉、表象、想象、记忆、思维等形式，把握客观事物的性质和规律的认识活动。狭义的认知与记忆含义基本相同，是指个体获取信息并进行加工、贮存和提取的过程。

（2）法律认知

关于法律认知的概念，学者们多是从认知的概念演化而来的。由以上关于认知的概念来看，法律认知的概念在学界基本分为两大类：一类是以认知即认识和感知为意的；另一类则是从认知的心理学定义出发来界定法律认知概念的。

　　第一类概念的界定通常有两种常见的表述。其一，法律认知是公民对法律现象，主要是现行法律制度内容的了解、把握程度。其核心是对法律所规定权利义务的了解、把握。这是公民守法的前提，是决定公民行为合法性程度的基本要素。法学博士胡神松将法律认识表述为法律认知，是公民对法律现象主要是现行法律制度内容的了解和把握程度，其核心是对法律权利义务规定的了解与把握，充分认识到法律赋予自己的权利和义务。如果只懂得权利不懂义务，或者对权利知道得多、对义务知道得少，都是有很大偏颇的认知，都不是完整的法律认知。公民对于法定权利义务的认知，主要是对现行法律规范明文规定的公民的权利和义务的了解和把握。这种认知包括：对法律规定的权利义务的性质的认知，即对基础权利和义务、普通权利和义务的认知；对法律规定的权利义务的内容的认知，即对经济、政治、文化教育、社会、人身、诉讼权利和义务的认知；对法律规定的权利义务的适用范围的认知，即对一般权利和义务、特殊权利和义务、积极义务和消极义务的认知；对法律规定的权利义务的界限的认知，即对权利义务所体现的个体利益与国家和集体利益、特殊利益与社会普遍利益的界限以及权利与义务之间的界限的认知。上述认知使主体充分认识到法律明确赋予自己的权利和义务，可以做什么、应当做什么、不应当做什么，能比较准确地预见到相应的法律后果，从而尽最大可能地保证行为的合法性。其核心要义是对于法律权利义务规定的了解和把握。只有充分认识到法律赋予的权利和义务才能进一步夯实守法、护法、尊法的基础。其二，法律认知是公民在社会生活实践基础上对法律的理解和认同，是一种特殊的认识活动。和其他认识活动一样，它也是一个由低级到高级的认识过程。幸强国教授把法律认知定义为：法律认知是公民在社会生活实践基础上对法律的理解和认同，是一种特殊的认识活动。和其他认识活动一样，它也是一个由低级到高级的认识过程。而施延亮教授从哲学的角度出发定义了法律认知，他认为法律认知的客体就是社会中的法律实施情况与法律相关内容，而法律认知是认识主体对法律和法律现象的了解、知晓、熟悉和掌握的主观状态。周玉萍教授从法律认知的内容出发定义了法律认知，包括心理的认知、观念的认知和守法态度的认知，这个认知是一个由浅层认知到深层认知的过程，是一个由感性认识到理性认识深化的过程。这一组定义的核心都在于强调法律认知是认识主体对认识客体的了解和把握，是一个由浅层认知到深层认知的过程，是一个由感性认识到理性认识深化的过程，突出其主观状态。

　　第二类概念的界定因心理学对认知的广义和狭义之分而又有两种不同的表述。其一，法律认知为社会主体对法律各种现象所做的感知和认识，是对各种与法律有关的事件、行为、状态、性质及因果关系所做的反应和判断。其核心是对法定权利和法定义务的掌握，社会主体只有掌握了法定权利和义务才能正确行使权利和积极履行法定义务。贺晓荣教授对法律认知的定义为，法律认知是人们在个人经验与前人知识的基础上，对法律本质和法律现象所做的推测与判断。一切生活在现代社会中的人们，都在不同程度上与法律产生直接或间接的联系，并从中获得一种对该社会法律本质的总体认识。与此同时，人们又通过社会学习手段直接承袭前人有关法律的既定认识，并从两种不同的认识中经过不断取舍，形成一种相对稳定的认识框架。郑成良教授将法律认知定义为，法律认知的过程也是人们了解法律内容和法律实施情况的过程。法律认知是人们对各种与法律有关的事物、行为、状态及它们的因果关系所做的判断，它们既可能与实际情况一致也可能不一致。田宏伟教授将法律认知定义为，法律认知是人们在个人经验与前人知识的基础上，对有关法律的各种现象所做的感知和认识，是对各种与法律有关的事件、行为、状态、性质及其因果关系所做的反映和判断，法律认知的过程实际上就是人们了解法律和法律生活的过程。李金忠教授对法律认知的定义为，法律认知是社会主体对法律现象，主要是现行法律制度内容的了解、把握程度，是对各种与法律有关的事务、行为、状态及其因果关系所做的判断。其核心在于认知不但包括认识和感知，而且还包含对法律实践的理解和认同，能根据自身的实践对法律实践做出判断。其二，法律认知就是主体对于以往法律实践的回忆以及通过回忆所得出的明确印象。谢晖教授从心理学的认知概念出发分析了法律认知概念。他认为，法律认知就是主体对以往法律实践的回忆及通过回忆所得出的明确印象。致使人们感知法律的原因是多种多样的，有人通过他人对一个案件的讲述；有人通过对一起审判的旁听；有人通过对法律的系统学习；还有人通过直接运用法律；等等。不同原因致使主体对法律的感知程度不同，所以，主体因不同引导而对法律的认知程度亦不同。其核心在于认知主体对于法律的理解和认同，而这一理解和认同是建立在自身法律实践的基础之上的过去的感受及现在所能回忆起来的理解。

综上所述，法律认知即认知主体对于法律各种现象的感知和认识，是对各种法律事件、现象及本质的反应和判断，对法律规范的认识了解、对法律实践的感受，并由此而形成的对于法律的理性认识，在面临法律实践时能做出符合自身情况的判断和行为。

（3）大学生法律认知

大学生法律认知的概念就是在法律认知这一概念基础上，将认知主体特定化。

大学生作为法律认知的主体使得法律认知有了不同于其他主体的特点，因而大学生法律认知的定义可以界定为，大学生对于现行法律规范、法律实践等法律现象的感知和认识，对于现行法律规范的了解掌握、对法律实践的感受，并由此形成的对于法律的理性认识。

2. 法律认知的培养内容

我国的法治建设力度不断加强，尤其是对于大学生群体而言，提升其法律认知对于他们自身的保护具有十分重要的意义。本书对高校大学生的法律认知培养内容进行探讨，旨在提高高校法律教育水平。依据大学生法律认知的概念，可以看出关于大学生法律认知的内容亦有不同的归类，可以从大学生法律认知的跨度和深度两个方面，将大学生法律认知的内容分为横向内容和纵向内容两个部分。

（1）大学生法律认知的横向内容

大学生法律认知的横向结构是从大学生对社会法律现象的主观把握来揭示法律认知的结构，其中包含法律知识、法律心理、法律观念和法律评价四个方面的内容。

第一，法律知识是大学生在学习和社会实践中获得的对法律的认识和经验。例如：什么是"言论自由"、什么是"就业合同"，以及"合法财产将受到法律保护"等对大学生来说有何意义。

第二，法律心理是指大学生在现代社会环境下对法律及法律现象所形成的直接的心理反应、感受、体验等，是在法律观念、法律评价的基础上形成的直观的、片面的、具体的感性认识。法律心理是大学生们活动的心理基础，它与知识因素是相辅相成的关系，并能创造守法的高度心理倾向，形成影响行为的因素。

第三，法律观念是指大学生在对法律知识理解的基础上所形成的意向和决策思想，是一种稳定的法律认知定式。它是法律认知的中间发展阶段，是从法律知识到法律评价发展的过渡阶段。

第四，法律评价是大学生基于自己对法律的认识、对法律信仰的追求以及对法律情感的体验而产生的对法律评价标准体系以及根据自己的评价体系对法律所做的一种判断，具有强烈的价值性。法律评价是一个人对法律的认识、对法律建立的信任感和依赖感的基础，如果没有形成正确的法律观念就不能做出正确的法律评价，那么在实践中也就不会依赖法律、信仰法律，并运用法律来解决自己的问题。

（2）大学生法律认知的纵向内容

法律认知的纵向结构是指从法律认知的表层、深层结构的角度对法律认知进行结构性的探讨，揭示其内在构成要素以及相互之间的关系。法律认知的纵向结构主要有三个层次：法律实体认知、法律程序认知和法律性质认知。它们从低级到高级体现着法律认知逐步定型化、稳定化和理论化的过程。

第一，法律实体认知是法律认知的初级阶段，是大学生在一定的社会条件和传统文化氛围下根据自己的学习和社会法律生活的实践而感受到的对法律的直观的、表面的、片面的、零散的认识，这一时期的认知主要以对法律规范的了解和把握为主。

第二，法律程序认知是指大学生对于法律运行的方式、步骤和过程的规范。有人曾用一种比喻的说法来形容程序的重要性，即"一个良好的法律程序胜过一打实体法律规范"。这种说法虽有些夸大其词，但是在现代法治社会里，没有系统的、科学的、行之有效的法律程序，就不能完善地实施法律。在社会主义法治建设中，法律程序建设无疑是十分重要的一环。而现在我国大学生和公民最缺乏的关于法律的认知就是关于法律程序的认知，虽然大部分人还没有认识到程序认知对于整个法律认知的重要性，但是公民的法律程序认知的重要意义是不容忽视的。毛泽东同志曾经说过"不解决桥或船的问题，过河就是一句空话。不解决方法问题，任务也只是瞎说一顿"。虽然毛泽东同志在这里谈的是工作任务和工作方法的关系，但是事实上，法律的实体与法律的程序的关系也正是这样的。法律实体明确了法律的内容、目标和原则是一个"过河"的问题。法律程序则规定了贯彻实施法律实体规范的方法和途径，是一个"桥"或"船"的问题。对任何一个法律事件而言起诉、立案、调查、审理、裁决、执行等法律实践活动均要遵守一定的程序和规则。遵循法律程序是实现法律实体规范有效性的灵魂。因此，公民的法律程序认知意义十分重大。

第三，法律本质认知是大学生从法律的整体上把握法律的起源、性质和作用。法律社会效益要用法律的根本性质来说明。法律实体、法律程序受到法律本性的内在制约是法律本性的具体的、现实的表现形式。法律本性认知是法律实体、法律程序认知的基础。只有在对法律本性有了明确的价值判断之后，才能进一步从理性深层次上对法律实体、法律程序做出价值判断。一个国家和民族法治化的程度、其社会法律的性质和作用，都有其评价标准，而这一标准归根到底就是该社会的法律实践，即该国家的法律制度是否与该国的物质生活条件和社会政治体制的内在法权要求相适应，是否与社会文明程度和社会法律文化现代化发展的方向相一致，是否能在社会生活中得到有效实施，推动社会生产力的发展以及民主政治的建设，是否能切实保障社会主体的合法权益，是否能实现社会的稳定和有序，等等。如果能够适应则表示社会法律本质能够得到更多的认同，如若不能，则社会主体对于社会法律的认同感就会大大降低，法治社会也就无从谈起。

（二）法律能力教育

1.法律能力概念

（1）能力

能力是指成功完成某种活动所需的个性心理特征，分为一般能力和特殊能力，前者指进行各种活动都必须具备的基本能力，如观察能力、记忆能力、抽象概括能力等；后者指从事某些专业性活动所必需的能力。马克思主义认为能力不是从来就有的，是物质世界发展到一定阶段的产物，能力一开始就是社会的产物，而且只要人们还活着，它就仍然是这种产物。

（2）法律能力

法律能力是一种特殊能力。目前理论界对法律能力的解释各不相同，本书认为法律能力是人们依据法律意识、运用法律知识分析问题、解决问题的能力。我们从法律能力概念中不难看出其基础的构成要素就是法律知识、法律思维、法律实践。法律思维是指人们主动地接受和尊重法律，自觉地选择合法行为或避免违法行为的一种理性的、严密的逻辑推理活动。法律思维的形成，可以促使法律素质从静态的法律知识和法律意识向动态的法律能力转化。法律实践是人们基于法律知识和法律意识参与社会法律活动的行为。法律知识与法律思维是辩证统一的关系，法律知识是法律思维的前提和基础，法律思维是法律知识的内化和升华。没有法律知识的积累，法律思维就无从谈起。反之，法律知识正确有效地发挥作用及其创新依赖于法律思维的培养。法律能力是法律思维能力和接受、理解、运用、创新法律知识的能力的总称。法律能力的核心是法律思维能力。理解法律知识或将法律知识运用到现实社会生活中都必须经过缜密的法律思维过程。但法律能力不是法律知识的简单叠加，它是一定法律意识引导下所产生的动态的法律效果，它必须通过法律实践来体现。

（3）大学生法律能力

大学生法律能力就是在正确认识法律能力的基础上，大学生依据法律意识、运用法律知识分析问题、解决问题的能力。目前法治教育吸引力不足，专业课程精力压缩、功利化主义思想等原因导致部分大学生法律知识学习热情较低，降低法治意识自我要求，从而导致法律知识缺乏、法律能力不足的恶性循环。

2. 法律能力培养内容

大学生法律能力培养是一种旨在提高大学生法律能力的教育，其内容与大学生专业学习密切联系，是对传统法律通识教育的深化与拓展。大学生法律能力培养的内容主要包括法知能力、法辨能力、法践能力。其中，法辨能力是先导，法知能力是基础，法践能力是核心，三者是一个相互联系、相互依存的统一体，并非简单的拼凑。

（1）法知能力

大学生应在掌握法律知识的基础上，通过自身的实践，最终形成法律能力。这就意味着当代大学生必须尽可能全面系统地对各种相关法律条文和知识进行学习、理解和掌握，从而树立崇高的法律情感、顽强的法律意志、厚重的法律责任感，并能依据其了解的一定的法律知识和原理对现实生活中的法律关系、法律现象主动产生心理体验、评价和态度倾向的能力，即法知能力。其主要包含两个方面：法律认知能力和法律预测能力。

第一，大学生法律认知能力是指大学生通过对法律知识的深入学习，理解和掌握法律的基本理论、本质特征、法的作用和价值、法律规范和法律关系、法的运行等，从而正确指导自身行为和行使自身权利的基础法律能力。法律认知能力是所有大学生提高法律能力的基础，只有在具备了过硬的法律认知能力的基础上才能谈其他能力，所以大学生法律能力培养首先要着重提高法的认知能力，这样才能为全面提升大学生的综合法律能力打下扎实的基础。

第二，大学生法律预测能力是指对自己的语言和行为将要引发和可能造成的法律后果有一定预知和评价的能力。例如：在激烈的人际关系冲突中，知道自己的语言和行为尺度，避免出现违法和犯罪行为，而将自己引向冲突的被动地位造成不可挽回和补救的后果。法律预测能力是大学生从自身角度强化自己学法、懂法、护法从而使自己在工作和生活中始终处于有理、有利地位的能力。

（2）法辨能力

思维或者智能在能力中占据着核心地位，它的完善是在实践的推动下完成的。而大学生法律能力的形成，是以法律思维为先导的。大学生在现实环境下，能依据其了解的法律知识和原理，对自己以及他人的法律动机和行为做出正确解释和评价，并能正确认识自己的权利和义务，使法律规范成为自己的行为准则，即法辨能力。它也包含两个方面，即法律自律能力和法律病态的认定能力。

第一，大学生法律自律能力是指大学生能利用法律的导向功能，在意识、观念上形成守法、护法的行为规范准则，从而更好地指导自己行使法律权利和履行义务的能力。不管是管理制度还是校纪校规在本质上与法律是一致的，它反映的是单位、部门、行业的意志，具有约束力，都是不能违反的。遵纪守法是对大学生的基本要求，大学生要在日常生活中形成依法办事、遵纪守法的良好习惯。在社会化进程中，大学生逐渐步入社会、接触社会，而当今社会是一个法治社会，会遇到许多法律问题，大学生要清楚自己应当做什么、可以做什么、不应该做什么，这就需要大学生自觉地运用法律知识去分析问题、处理问题，规范自己的行为。

第二，法律病态的认定能力是指大学生能利用法律的评价功能对自己和他人已发生的违法犯罪行为在思想上有一定性质和程度上的认定，从而帮助自己或他人勇于承担起法律责任的能力。当发现自己或他人的行为已造成违法或犯罪时，首先必须从法律角度在思想上给予一个性质和后果的认定，同时也要帮助自己或他人勇于承担起这份后果和责任。对于法律病态的认定能力，实质上是要求大学生树立与社会主义民主与法治密切联系的自由观和法治观，珍惜和维护安定团结的局面，以社会主义法律为武器捍卫自己的正当权利，在享有个人所拥有的权利时，不忘记尊重和承认他人的合法权益，不忘履行对国家、对社会、对他人的义务。同时，还应杜绝一切不劳而获的错误思想，树立只有付出才有收获的良好观念。

（3）法践能力

能够明辨是非曲直，思考、探讨法律问题的实质，从而依法践行权利、履行义务，这就是法践能力的实质所在，也是大学生法律能力最重要的构成部分。法践能力主要由自身权益维护能力、法律责任能力、法律参与能力和法律管理能力四个方面组成。

第一，自身权益维护能力是指大学生能够依照法律法规维护自身合法权益不受侵害的能力。这是大学生能够依法行使权力、履行义务的基础，只有当自身权益得到充分保护和实现时才能为履行法律义务打下良好的基础。现代社会中各行业、社会生活的各个方面都与法律息息相关，要保护自身的合法利益，关键要靠我们自身。对于大学生来讲，运用法律保护自身合法权利是其法律能力的重要体现，不管是在兼职、找工作还是将来踏上社会就业之后，都应该树立维权意识。

第二，大学生法律责任能力是指大学生基于法律的社会认知，从法律心理、法律观念及法律情感上，自觉树立一种作为社会法人以及社会主义建设者、接班人的社会责任感和使命感，从而依法实行对社会的法治监督、法律宣传、法律斗争，并最终掌握参与法律创制的能力。一个成熟的法治国家的形成不可能依靠事先的理性设计，而主要依赖于法治观念的深入人心和全社会的身体力行。

第三，大学生法律参与能力是指大学生能运用创造性思维提出有建设性和实用性的观点并能将其理论化、具体化、社会化的能力。大学生积极参与法律的创制，这是时代赋予大学生的历史使命，大学生应当以主人翁的姿态积极参与到国家的法治建设中。

第四，法律管理能力是指大学生在未来工作实践中应具备一定的部门、行业的法律管理的能力，包括法律决策能力、法律组织能力、法律表达能力。法律决策能力是根据法律规范对自己的行为目标和行动方式做出正确的选择的能力；法律组织能力是指在法律允许的范围内，开展组织有效、分工周密、具有创造性的工作的能力；法律表达能力是指大学生需要具备一定的法律文字和法律语言表达能力，能真实、有效地表达自己的法律思想和法律观点。

（三）法律信仰教育

1.法律信仰概念

（1）信仰

信仰是人类特有的心理行为状态。信仰是"对某种宗教，或对某种主义极度信服和尊重，并以之为行动的准则"。信仰是人们对某种事物的极度推崇和信服，是精神，更是信念和力量，在某种意义上说，也是个体的行为准则。人是信仰的主体，人们信仰什么，就会对信仰对象树立起景仰、信服、尊崇的心理和情怀。若信仰对象是法律规则，则为法律规则信仰；若信仰对象是人，则为个人崇拜。

（2）法律信仰

法律信仰是人的信仰体系的组成部分，是人们对于法治极度信服与尊重，并自觉把法律规则作为行为准则。法律信仰应是主观心理与客观行为的统一体，它包括两层含义：一是主体从内心深处认同和信任法律的公平、正义、权威，这是法治信仰的内在动力。二是主体在法律规则的支配下行事，自觉尊重与维护法律权威，这是法律信仰的外在表现。可见，一方面，法律信仰是主体对于法律的心理状态，强调"心诚"，如果没有对法律的强烈信念和内心信服，法律很难内化为自身的价值理念与行为准则。另一方面，主体自觉遵从法律，自觉依法办事。当社会形成了尊法守法的良好风尚时，人们的法律信仰必将蔚然成风，反之则不可能真正形成法律信仰。信仰是对某些内容体现出来的一种期望或者是向往，法律信仰就是对法律制度表现出来的一种信念，是内心对法律的畏惧与尊崇，对法律有信仰的人会将法律法规作为日常行动的准绳，作为一种行为标准来严格遵守。

（3）大学生法律信仰

大学生法律信仰就是大学生主体通过对法律现象的感受而形成的内心对法律价值的认同，对法律的坚定信念和尊重，是对自愿接受法律统治（约束）的一种信仰的心理状态并以之为自身最高的行为准则。大学生法律信仰的内涵不仅表现在大学生学法、知法、守法方面，还通过大学生自觉地护法、尊法等行为体现出来。

2. 法律信仰培养内容

大学生法律信仰是一个关系范畴，主要包括三个要素，即关系的主体（大学生群体）、关系的客体（法律）以及主客体之间的关系。就大学生主体而言，需要用心去感受、体验法律才能对法律产生信仰；就法律客体而言，法律必须具有人性、具有价值才会被大学生所信仰，它应该是一种公众意志的表达，且能够体现公民的整体利益。就这三个关键要素分析来看，大学生法律信仰的内容包括以下几个方面。

（1）树立大学生法律至上的意识

如果大学生对于法律抱有不信任、不认同的消极情感，则法律肯定不会被信仰。在大学生心目中要树立法律至上的意识就必须要做到以下三个方面。

第一，建立法律合法存在的意识。要让大学生感知到法律在生活中无处不在，知道自己的每一个行为都受到法律约束。如果对法律视而不见，就一定不会对法律产生信仰。同时，要让大学生明白，如果自己的行为和法律产生冲突，就必须舍弃其他规则，而求同法律的规范，要把法律作为衡量其他行为规范有效性的前提和准绳。

第二，建立政府权力必须受限的意识。从法治观点来说，宪法就是用来约束国家各级行政机关和司法机关的行为的。政府的存在是为了保障自由、人权、正义，但政府又因其拥有强制性的权力，有可能会出现践踏自由的行为。因此，法治首先就意味着法律必须对政府权力加以约束。

第三，树立对法律的绝对服从意识。要在大学生心目中树立起绝对服从法律的意识，使他们懂得，只要一项法规未被修订或废除就要坚决遵从，即便它有可能不适应当下社会发展的需要。

（2）建立大学生对法律的高度认同感

第一，对法律的价值有所感悟。法律蕴藏着自由、人权、正义等人类追求的价值，当大学生对这些价值有所体验的时候，才能不仅仅把法律当成一种工具来使用。大学生应该认识到法律与自身生活密不可分，能充分表达人民的意志、体现人民的要求，从而做到不厌法、不惧法、不避法，并且珍视法律、信任法律。

第二，对法律价值的高度认同。大学生在对法律价值有所体悟的基础之上，从法律认知、法律情感、法律能力等方面经过一定的体验，对法律价值进行了反复的体会，最终才能形成法律信仰。

（3）形成自觉守法、护法、尊法的行为

大学生要将法治纳入自己的生活，就必须做到对法律的自觉遵守，形成积极的守法精神，并在社会生活层面积极主动地参与法律生活，行使自己的权利，履行自身的义务。

第一，依照法律精神自觉守法。法律信仰形成的关键就是要自觉守法，但遵守法律规范必须在法律精神的规则之下进行。大学生自觉遵守法律必须做到在有法律规范时严格遵循法律规定，如果法律规范不明确时，需要遵从法律的精神自觉规范自己的行为，使自己的行为符合法律的本意。

第二，能够积极争取自己的法律权利。权利是义务之源，是法律的内核。大学生必须树立权利保护和权利要求的意识，要认识到自己的独立价值，要对正当的权利有感知、理解和坚决捍卫的观念，同时要尊重他人的权利。

第三，能够同违法犯罪行为做斗争。大学生要积极参与现有法律活动，在社会活动中同一切违法犯罪行为做斗争，产生自觉主动的护法行为。

第五章　互联网时代高校学生法律意识培养路径

本章结合目前大学生法律意识教育的现状，介绍互联网时代高校学生法律意识培养路径。本章分为三节，第一节为加强高校法治课程建设，第二节为加强网络生活中大学生法律意识的培育，第三节为完善学生法律意识培养方法。

第一节　加强高校法治教育课程建设

一、建立系统化的课程教学

当代大学生的法律意识教育与宣传，不能简单地停留在社会环境中，要发挥出高校教学的优势，建立系统化的法律教学内容。高校思政教师要对学生进行针对性的指导与帮助，尤其是提供与学生的学习和生活密切相关的法律内容，比如情感纠纷、就业保障、金融诈骗等相关法律知识。专业课教师还应该在学生的专业课程中引入行业法律知识和相关内容，增强学生的职业法律意识。总之，系统化的课程教学，能够使学生对法律知识有更加深刻的了解和认知，并且建立系统化的法律知识体系。同时也能够在一定程度上建立法治精神，在未来的生活和工作中，学会使用法律的武器来维护自己的合法权益。

二、改革传统法律授课方式

传统的法律授课方式很难吸引学生的注意力，所以，让学生通过各种不同的教学活动来学习法律对于培养当代大学生来说是极为重要的。在课堂环节中，教师可以组织辩论赛、知识竞赛、模拟法庭等活动，这种互动交流的教学方式不仅增加了课程的趣味性，同时也加深了学生对法律知识的理解。课后积极组织学生参与实践活动，如服务社区的法律宣传和援助活动、社会调查和调研活动、法庭观摩等，使学生不仅能够在课堂中学习知识，还能够在现实生活中运用知识。这种理论和实践相结合的学习方式对培养学生的法律认知和法律意识能够达到事半功倍的效果。

三、改革传统法律课程目标

以往在进行法律知识教学的时候，由于法律主要是理论知识多，有大量的法律法规制度需要学习，因此在授课的时候，教师主要采取"填鸭式"的教学方式，向学生进行法条的讲解。但是这种教学方式不能使学生真正掌握法律的精髓，在面对实际案例的时候，他们不知道该使用哪条法律法规。因此，在新时代下，教师必须要注重改变法律教学体系目标，不能只追求卷面成绩，还应当注重法律知识的实践。

四、法治教育与道德教育相结合

高校可以将道德教育与法治教育有效结合在一起，以此增强学生的法律意识。一是在培养学生形成良好法律意识的过程中，高校需要准确了解道德和法治教育是相互融合、渗透的，在实施法治教育的时候需要得到道德教育的帮助。只有这样才能够保证通过道德教育，提升学生的实际法治素养，加强法治教育的效率。这种结合教育的方式更加有利于帮助学生形成良好的法律意识，使其能够养成遵纪守法的习惯。二是高校还需要在实际的法律教学中，保证学生在心理上认同这种教育方式。

五、注重教学方法和思路创新

不管是在哪类知识的教学中，教师的教学理念、教学方法都会对学生的学习情况和实际教学质量产生非常直接的影响。当前社会对于大学生的综合能力有着更加严格的要求，而法律素质也正是综合素质中非常重要的一个部分。因此在实际的教学中，教师需要在明确培养学生法律意识的重要性基础上，帮助学生将学习的法律知识真正实现学以致用。当前学校开展法律知识教学的时候，都会将相关的课程作为公共课程，而公共课程的特点就是采用"大班课"的形式，一个教师同时面对几十人或者是上百人讲课，因此学生一般不会重视课程内容。在这种情况下，想要保证法律教育能够真正起到应有的作用和效果就要改变这种教学现状，将学生看成一个独立的个体，实施针对性的教学，使其能够拥有自主思考的机会，充分调动学生的学习积极性，真正实现因材施教，以此保证能够更加有效地实现教学目标。

六、改进课程体系和教学评价机制

高校承担着重要的人才培养职责，因此在制订人才培养计划时应该尽可能满足社会发展需求，并以国家大环境为基础背景。现在我国以建设法治国家为目标，所以对于当代大学生的法律素养提出了更高要求，高校应该主动将法治教育放在重要位置，全面增强当代大学生的法律意识。一方面，需要对现有的课程体系进行改善设计，摒弃陈旧的思想内容，然后增加现代法律规定、时事新闻等。这种理论结合实际的课程设置能有效增强学生的学习兴趣。另一方面，随着网络技术的快速发展，信息化教学已经成为一种趋势，据此高校可以结合本校实际情况专门建立法律教育新媒体平台，并由专业的法律教师负责运营，定期上传教学内容、新闻信息等，并设置互动交流模块方便学生探讨。这种学习方式对学生来说比较受欢迎，因为他们对信息技术的运用已十分熟练，所以建设法律教育网站能有效促进学生法律意识的增强。此外，高校还需要对陈旧的教学评价机制进行完善，不再以学生的理论考试成绩作为唯一评价标准，应该增加学习态度、思维能力、实践技能等模块，对学生进行全方位测评，给学生更加公正准确的考核结果，方便学生在今后的学习中查漏补缺。

第二节　加强网络生活中大学生法律意识的培育

一、传统法律教育与网络法律教育相结合

网络环境下的法律教育实现了法律学习资源的网络共享、快速传播，师生可以随时访问和下载法律试题库、文件库和录像资料库，节约了大量学习成本，具有传统法律教育模式不可比拟的优势，为学校法律教育注入了生机和活力。同时我们也应看到，在目前网络监管水平和学生自律能力有待提升的条件下，以网络载体推进法律教育，是当前提升法律教育实效性的一种必要而非唯一手段，意味着网络环境下的法律教育不能完全抛弃传统的法律教育。传统的法律教育主要在教室或其他固定场所内完成，比较注重法律知识的深度解读和师生的频繁互动，

对提高法律教学质量和学生的学习效率大有裨益。网络环境下的法律教育要实现法律教育与网络技术的深度融合，促进传统法律教育与网络法律教育协同共享，采用讨论式教学和案例式教学等多种方法，发挥课堂教学主渠道作用，借助网络化平台走出课堂，构建无形与有形、虚拟与现实、公开与隐蔽相互交融的立体法律教育体系，增强学校法律教育的科学性和实效性。

二、网络法律建设与网络道德建设相结合

法治教育与道德教育是学校思想政治教育的主要内容。网络环境下的学校法治教育有赖于网络法治与网络道德两道"防火墙"建设。政府应适时对现有的法律法规进行必要的修改、补充和完善，走出目前网络法规制定中"九龙治水"的困境，为学生学习成长提供良好的法治环境。此外，重在培育秩序认同的网络法治教育，避免学生受到纷繁复杂的网络信息的不良影响，也是推进网络法治教育建设的重要任务。旨在明确网络伦理规范的网络道德建设，应从培养学生的道德修养入手，加强学生网德网风的教育，将网络技术的发展与人文精神的培养、物质文明的进步与精神文明的发展结合起来，将网络道德融入法治教育之中，帮助学生增强网络道德意识，提高自我控制能力，形成维持网络秩序的理性自觉。

第三节　完善学生法律意识培养方法

一、创造良好的法律意识培养氛围

培养大学生的法律意识是一个循序渐进的过程。因为大学生在成长过程中会受到生活和学习环境的影响，所以他们在法律意识自我增强方面也有不同的观念。不过创建良好的法律学习氛围很有必要，这样能有效增强学生对法律学习的重视程度，对法律教学工作质量提高也有很大帮助。学校要站在学生的角度考虑问题，搜集整理在校大学生在学习与生活过程中需要用到的法律常识，然后扩大法律常识的宣传范围，比如可以将学校的广播站、宣传栏等作为宣传媒介，在潜移默化中加强学生对法律信息的记忆，从而使当代大学生的法律意识越来越高。

二、丰富大学生法律教育主题实践活动

现行高校法律基础课程设置只有为数不多的十几个课时，远远不能满足大学生法律意识教育的需求。因此，新时代加强大学生法律意识教育要遵循理论联系实际的原则，积极开展法律意识主题教育实践活动。例如，开展普法教育讲座、法治辩论赛、知识竞赛、模拟法庭等形式多样、主题明确的活动。有条件的高校还可以组织学生旁听现实法庭庭审，让他们身临其境，升华法律意识。此外，高校可以借助节假日开展形式多样的宣传活动，在关键节点上营造法律意识教育氛围。

三、应用新媒体宣传法律知识

互联网已成为当代大学生日常生活不可或缺的一部分，而高校作为大学生思想建设的主阵地，是提升大学生法律认知能力的主要承担者和执行者。互联网时代背景下，高校应将德育教育与法治教育相结合，确保大学生在网络环境中真正做到知法、懂法、守法、用法。

首先，线上线下紧密结合，多举措创新普法形式。法治宣传教育是确保高校健康运转的前提，是践行高校管理育人的一项重要基础工作。例如，高校可以通过课堂、主题班会等线下形式，也可以利用校园网、微信公众号、微博等线上平台开辟法治专栏，普及相应的法律知识，对一些社会热点事件或校园事件进行专业的法律分析，让大学生清楚自身有哪些合法权利，以及如何保护自身的合法权利，帮助大学生提高明辨是非的能力，增强他们的防卫意识和防卫能力。

其次，高校应切实落实依法治校的总方针，以增强大学生的法治意识和法治素养为总目标，以持续宣传法律法规为重点，开展多渠道、多途径的法治宣传教育活动。

参考文献

[1] 谭樱芳."互联网+"背景下高校实施线上线下结合的大学生创业法律服务路径研究 [J].法制博览，2021（27）：14-16.

[2] 曲宁.高校创业法律教育课程改革探索 [J].法制博览，2021（10）：181-182.

[3] 赵盼.高校青年学生就业教育中的法律意识培养 [J].环渤海经济瞭望，2020（1）：137.

[4] 史兆洋，申永刚."互联网+"和大数据背景下高职院校大学生网络安全教育研究 [J].科教文汇，2019（12）：118-120.

[5] 冯杰.基于"互联网+"的高校法学教学的创新路径探索 [J].课程教育研究，2019（24）：60.

[6] 黄梦萦.基于"互联网+"的高校图书馆创业法律服务平台建设 [J].青年与社会，2019（8）：39-40.

[7] 谌爱群."互联网+"背景下大学生创业法律教育问题探析 [J].湖北开放职业学院学报，2019，32（2）：8-10.

[8] 任倩，范成新.用互联网信息技术培养高职院校学生法律意识 [J].高考，2018（35）：151.

[9] 孙丽虹，张东华，王向英，等."互联网+"环境下高职院校法理学课程实践教学研究 [J].法制与社会，2018（31）：197-199.

[10] 杨素祯.大学生网络犯罪中高校法律教育缺失之思考 [J].高教学刊，2018（21）：45-47.

[11] 周瑶.新时代背景下大学生法律素质提升路径探究 [J].法制博览，2018（21）：145.

[12] 王志华.对增强大学生创业法律教育实效性的研究 [J].学周刊，2018（24）：190-191.

[13] 王敬凤.浅论网络时代大学生的法律教育 [J].法制博览，2018（19）：201.

[14] 王桂琦，王子潇，党钰杰，等 . "互联网 +" 背景下高校法律援助的创新模式研究 [J]. 广东青年职业学院学报，2018，32（1）：78-84.

[15] 胡雨桐 . 互联网背景下网民法律意识教育探析 [J]. 现代交际，2018（2）：70-71.

[16] 牛玉兵 . "互联网 +" 背景下法学教育中隐性知识的挑战及其回应 [J]. 镇江高专学报，2017，30（3）：63-67.

[17] 严燕 . 互联网时代下电大法学教育改革初探 [J]. 吉林工程技术师范学院学报，2017，33（3）：61-62.

[18] 白天宇，陈龙涛，张晓光 . "互联网 +" 与大数据背景下高校大学生网络安全教育初探 [J]. 河北北方学院学报（社会科学版），2016，32（5）：110-112.

[19] 刘静姿，夏辛萍 . 关于 web2.0 时代网络舆论表达与规范的思考：基于大学生网络安全法律教育的视角 [J]. 广西教育，2012（35）：6-8.

[20] 李霞，向修竹 . 关于大学生网络安全法律教育的思考 [J]. 信息网络安全，2008（9）：70-72.

[21] 焦红艳 . 移动互联网环境下民办高校校园文化建设研究 [D]. 长沙：湖南农业大学，2019.

[22] 于景成 . 大学生法律素质教育问题研究 [D]. 长春：东北师范大学，2018.

[23] 高学敏 . 中国公民普法教育演进研究 [D]. 上海：复旦大学，2014.

[24] 曹毅 . 论新形势下加强大学生法律素质的培养 [D]. 成都：电子科技大学，2013.